KB199999

Community

헨리 나우웬의
공동체

헨리 나우웬의 **공동체**

지은이 | 헨리 나우웬
옮긴이 | 윤종석
초판 발행 | 2022. 3. 16
4쇄 발행 | 2023. 6. 20
등록번호 | 제1988-000080호
등록된 곳 | 서울특별시 용산구 서빙고로65길 38
발행처 | 사단법인 두란노서원
영업부 | 2078-3333 FAX | 080-749-3705
출판부 | 2078-3332

책값은 뒤표지에 있습니다.
ISBN 978-89-531-4155-1 03230

독자의 의견을 기다립니다.
tpress@duranno.com www.duranno.com

두란노서원은 바울 사도가 3차 전도 여행 때 에베소에서 성령 받은 제자들을 따로 세워 하나님의 말씀으로 양육
하던 장소입니다. 사도행전 19장 8-20절의 정신에 따라 첫째 목회자를 돕는 사역과 평신도를 훈련시키는 사역,
둘째 세계선교TIM와 문서선교단행본·잡지 사역, 셋째 예수문화 및 경배와 찬양 사역, 그리고 가정 · 상담 사역 등을 감
당하고 있습니다. 1980년 12월 22일에 창립된 두란노서원은 주님 오실 때까지 이 사역들을 계속할 것입니다.

헨리 나우웬의
공동체

더불어 충만,
세상을 위한
그리스도의 몸

헨리 나우웬 지음
윤종석 옮김

두란노

contents

헨리 나우웬의
온 삶으로 듣는
공동체 수업

이 책의 씨앗이라 할 수 있는 시작은 40여 년 전 내가 헨리 나우웬을 처음 만났던 시절로 거슬러 올라간다. 당시 나는 도로시 데이가 창간한 신문 〈가톨릭 워커〉*The Catholic Worker*의 편집장이었는데, 편집은 물론이고 모든 일에 경험이 별로 없던 스물두 살 청년이었다. 반면에 헨리는 예일대학교 신학부에 몸담은 저명한 교수였고 작가로서의 명성도 날로 높아지던 중이었다.

나는 그의 책을 하나 읽어 보지도 않았으면서 그에게 우리 신문에 실을 원고를 청탁했다. 그는 흔쾌히 응하며 공동체를 주제로 쓴 글 세 편을 보내겠다고 했다. 당시의 내가 무엇을 기대했는지는 몰라도, 그의 원고에서 나는 별다른 감흥을 느끼지 못했다. 솔직히 말하자면 너무 딱딱하고 추상적이어서, 구체적인 일상생활을 주로 싣는 우리 신문의 다른 기사들과는 잘 맞지 않았다.

얼마 뒤, 헨리가 자신의 원고를 읽어 봤느냐며 내 소감을 물었다. 아무리 뭣 모를 때라지만 나는 시큰둥하게 "아, 잘 읽었습니다. 그런데 혹시 다른 글은 없나요?"라는 맥 빠진 말을 내뱉었다. 그리고 이어지는 그의 어조를 듣고서야 내가 큰 결례를 범했음을 깨달았다. "이제 막 원고를 세 편이나 드렸는데요!" 발끈하는 게 당연했다.

원고가 다 좋아서 고르기가 힘들다는 뜻에서 한 말이라고, 그중 한 편을 싣겠다며 서둘러 상황을 수습했고, 실제로 그렇게 했다. 하지만 그는 다시는 우리 신문에 기고할 뜻을 비치지 않았고 나도 더는 청탁하지 않았다. (10년 후 오비스출판사의 편집장 자리를 제의받았을 때 헨리에게 그 사실을 알렸더니 그가 이런 말을 해 주었다. 혹시 누가 묻는다면, 내가 지식으로는 적임

자지만 이런 일에 필요한 "인간미"는 없어 보인다고 답하겠다는 것이었다. 한 방 먹은 셈이다!)

훗날 이 일화를 회고하곤 하면서도, 정작 내가 그 신문에 실었던 그의 글(이 책 4장 부분이다)을 일부러 찾아본 것은 최근에 '헨리 나우웬의 반문화 영성'에 대한 강연을 청탁받고 나서였다. 찾아서 다시 보니 왜 이 글이 당시 내게 와닿지 않았는지 이해가 되었다. 글이 너무 추상적이어서, 공동체를 실제로 경험해 보지 못한 사람이 쓴 말처럼 들렸던 것이다. 그러나 이번에 다시 읽으니 스물두 살 때는 미처 이해하지 못했던 다른 심오한 특성들이 인상 깊게 다가왔다.

그 글에서 다룬 주제들은 헨리의 저작 전체에 여러 모양으로 계속 등장한다. 그가 거기에 썼듯이 우리 문화는 우리를 부추겨 우리 자신과 다른 사람 사이의 차이점에 초점을 맞추게 한다. 자신이 남들과 달리 특별한 존재임을 부각시켜서 다른 사람에게 좋은 인상을 주어야 한다고들 생각한다. 그러나 그의 말은 이렇게 이어진다. "예수 그리스도께서 깨우쳐 주시듯이 우리의 참된 정체성은 각자의 특수성을 자랑하는 실존의 주변부에 있지 않고, 서로가 기본적으로 다 같은 인간으로서 형제자매이자 한 하나님의 자녀임을 깨닫는 실존의 중심부에 있다."

당시 나는 헨리가 무슨 말을 하는지 통 알 수 없었다. 내가 공동체 생활을 경험하며 느꼈던 현실적인 문제들은 쏙 빠져 있는 듯했다. 예컨대 고생해서 논문을 쓰고도 내 공로를 충분히 인정받지 못했다고 여겨질 때 같은 경우 말이다.

헨리는 말한다. "그리스도인의 삶은 근본적 변화를 요한다. 우리의 정체성을 제각기 다르거나 다른 사람보다 출중한 부분에서 찾을 것이 아니라, 서로 같은 부분에서 찾아야 한다."

그는 우리가 '인간 보편의 깨어진 모습과 치유의 필요성을 인식'해야 한다고도 했다. 그때의 나는 주변 모든 사람의 결점은 잘도 알면서 정작 나라는 인간의 깨어진 모습이나 그래서 치유가 필요하다는 사실에 관해 아무런 생각도 못하고 있었다. 그러다 마침내 그런 의식이 생겨났을 무렵 그 신문 편집 일을 그만두었다. 그리고 이후의 여정에서 헨리가 중요한 역할을 하게 되었다.

그 글을 다시 읽고 감화를 얻은 나는 당시 그가 기고했던 공동체에 관한 글 세 편을 모두 찾아서 출간하자고 헨리 나우웬유작센터Henri Nouwen Legacy Trust에 제안했다. 그런데 이상하게 그곳 아카이브에도 그 글들만은 흔적조차 없었다. 대신 스티븐 래저러스가 이렇게 훨씬 좋은 성과물을 내놓았다. 헨리가 1970년대에 쓴 초기 글에서부터 후기에 쓴 저작과 강연에 이르기까지 그가 갖고 있던 공동체에 관한 사상을 이 책에 한데 모은 것이다. 특히 후기에 쓴 글에는 헨리가 생애 마지막 10년을 보낸 캐나다 라르쉬 데이브레이크 L'Arche Daybreak 공동체에서의 경험이 고스란히 우러난다.

이 책에 실린 글들을 보면 알 수 있듯이 헨리는 공동체를 추구하는 일에 일관되게 헌신했을 뿐 아니라, 또한 그 내용이 딱딱하고 추상적인 입장에서 구체적인 현실로 옮겨 갔다. 이런 변화는 그가 데이브레이크로 이주한 이후에 쓴 모든 글에 두루 나타난다. 공동체, 평화, 제자도, 빈민층과의 연대 등 주제가 무엇이든 간에 그는 자신이 직접 보아 아는 내용을 글로 옮겼다. 오래전 그 원고에 썼던 "근본적 변화"를 자신도 체험한 것이다. 이렇듯 그는 초기 저작에서 탐색했던 여러 사상대로 자신이 꾸준히 그렇게 되어 갔다.

헨리의 저서와 특히 그의 일기를 관심 있게 읽은 사람이면 누구나 알겠지만, 그는 인정받고 사랑받으려는 깊은 욕구로 고뇌했고 부단히 "집"을 찾고자 했다. 그래서 노터데임대학교에서 예일을 거쳐 하버드 신학부로 옮겼고, 중간에 트라피스트 수도원에서도 살아 보고, 중남아메리카에서 선교 사역도 했다. 초기에 쓴 어느 책에 밝혔듯이 그는 늘 "이 책 저 책, 이곳저곳, 이 일 저 일로 떠밀려" 다녔다. 수도원 생활을 마칠 때쯤이면 자신이 "이전과는 다르게 더 통합되고 더 영적이고 더 덕스럽고 더 긍휼이 많고 더 온유하고 더 기쁨에 찬 사람"이 되어 있기를 바랐으나 이 또한 환상이었다.

세월이 흘러 프랑스 라르쉬 공동체에서 한 해를 보낼 때도 그는 거부당하는 아픔, 과민한 성격, 매 순간을 바쁜 일로 채우려는 성향 등 이전과 똑같은 문제로 힘들어했다. 《데이브레이크로 가는 길》*In the Road to Daybreak*은 바로 그때 쓴 일기다. 그가 어느 신부에게 불안한 마음을 털어놓았더니 "당신이 어디에 있느냐가 아니라, 어디에 있든 거기서 어떻게 사느냐가 중요합니다"라는 답이 돌아왔다. 프랑스를 떠날 때까지도 여전히 그 상태였다. "이 영적 여정에 오를 때와 똑같이 나는 여전히 불안하고 초조하고 격하고 산만하고 충동적인 사람이었다."

하지만 이렇게 자신의 상처와 갈등을 피해 달아나려던

마음은 헨리에게는 단편적인 부분에 불과했다. 이 모든 불안한 추구 이면에 그의 다른 면이 있었으니 곧 예수님께 달려가려고 끝없이 노력했다는 것이다. 또 그는 성공이나 영광이나 군중의 환호 한복판에서가 아니라 빈민과 소외층과 평범한 이들을 향해 낮은 곳으로 가는 길에서라야 그분을 만날 수 있다는 것도 깨달았다.

결국 그는 캐나다의 라르쉬 데이브레이크 공동체에서 그토록 찾던 "집"을 만났다. 그가 쌓아 온 경력이나 그가 쓴 책들을 떠나 순전히 헨리 자체로만 받아들여지고 사랑받은 그곳에서, 그는 비로소 치유받았다. 그의 깨어진 모습이 어떻게든 나아져서가 아니라, 거기서만은 그 깨어진 모습이 오히려 부활로 들어가는 문이 되었기 때문이다.

오랜 세월 헨리는 텅 빈 갈망을 채우고 연약한 마음을 일으켜 세워 줄 해법을 우정이나 공동체에서 찾으려 했다. 그런데 알고 보니 공동체의 목적은 그게 아니었다. 데이브레이크에서 그가 마침내 받아들인 진리처럼, 우리는 꼭 치유되어 온전해지지 않아도 하나님의 사랑받는 아들딸로서 소명을 다할 수 있다. 물론 헨리도 이미 알던 내용이고 그런 책도 여럿 썼지만, 연약한 모습을 부끄러워하지 않는 사람들과 더불어 실제로 공동체에서 살아 보고서야 그것을 실감했다. 그렇게 공동체 안에서 더불어 있을 때 비로소 그는 자신이 참으로 사랑받는 존재임을 확실히 알고 받아들일 수 있었다.

죽기 몇 달 전 마지막 안식년 일기에서 그는 내면의 상처, 즉 "사랑받고 싶은 끝 모르는 욕구와 거부당하는 것에 대한 집요한 두려움"을 고백했다. 어쩌면 이 상처가 영영 사라지지 않고 늘 버티고 있으리라는 것도 알았다. 그러면서도 그는 깊은 깨달음에 이르렀다. 어쩌면 이 상처는 "내 구원에 이르는 길이요, 영광에 들어서는 문이며, 자유로 향하는 길일지 모른다. 나의 상처가 위장된 선물임을 안다. 짤막짤막하면서도 강렬한 이 많은 유기遺棄, abandonment 의 경험을 겪으면서 나는 두려움을 버리고 하나님의 손에 내 영혼을 맡기는 법을 배운다. 그분은 끝없이 나를 받아 주신다."

이 책 마지막 장도 그 생애 마지막 해에 했던 강연이다. 거기서 그는 "우리 삶에 끊임없이 필요한 변화" 즉 "굳은 마음에서 부드러운 마음으로 바뀌는 변화"를 이야기한다. 그로부터 20년 전에 내게 보낸 원고에 담겨 있던 많은 주제들이 이 강연에도 똑같이 등장한다. 예컨대 우리는 얼마나 많이 생산해 내느냐를 기준으로 자신을 평가하고, 자신이 다른 사람과 얼마나 다른지 그 차이점을 중심으로 정체성을 형성한다. 그러나 "우리의 치유는 기쁨의 근원, 곧 당신이 다른 사람들과 다르다는 사실이 아니라 서로 같다는 사실에서 시작된다. 이 사실을 깨달으면 영적 여정이 엄청나게 중요해진다."

그가 제시하는 변화는 자아를 거부하는 데서 수용하는 데로, 경쟁에서 긍휼로, 생산성에서 참된 열매로 나아간다. "거기서 공동체가 태어난다." 이 또한 오래전에 그가 내게 나누었던 주제들의 변주다. 마침내 내가 헨리의 말을 알아들을 "인간미"를 기른 것일까? 아니면 그에게 "더 긍휼이 많고 더 온유하고 더 기쁨에 찬" 다른 목소리가 생겨난 것일까?

1995년 12월의 마지막 강연 녹취록에서 "10년 후면 나는 이미 죽었을지도 모른다"라는 그의 말을 읽자니 슬퍼진다. 그렇게 말하고 불과 9개월 후에 그는 갑자기 세상을 떠났다. 지금도 기억에 선하다. 그때 나는 헨리와 협력하여 생전의 마지막 책 《아담: 하나님이 사랑하시는 자》*Adam:*

*God's Beloved*를 작업하던 중이었다. 그가 우리 곁을 떠나고서야 나온 그 책에는 그의 개인적인 '신앙 고백'이 정확하게 담겨 있다. 다행히 그 후로도 다른 책들이 계속 나왔고, 그가 이 땅을 떠난 지 25년째(원서 출간 기준 2021년-편집자)에 출간되는 이 책도 그중 하나다.

헨리가 깨달았듯이 우리 삶을 평가하는 기준은 생산성이 아니라 참된 열매다. 40년도 더 전에 돌밭 같은 내게 떨어진 씨앗이 열매를 맺었다. 이 책도 미래의 씨앗이 되기를 기도한다.

●

로버트 엘스버그
Robert Ellsberg

예수를 따라
다시, 반드시,
공동체로

헨리 나우웬은 목회자와 신부와 교수로 살고 사역하는 동안 공동체에 관해 자주 말하고 글도 썼다. 글쓰기는 물론이고 평생의 가장 중요한 선택들도 다분히 공동체를 추구하는 데서 비롯했다. 1986년 하버드 교수직을 내려놓고 캐나다 온타리오 주 리치몬드 힐에 있는 라르쉬 데이브레이크 공동체에 들어간 것도 그래서였다. 생애의 마지막 10년을 그는 지적·발달장애인, 봉사자들과 함께 데이브레이크 공동체에서 보냈다. 이미 출간된 책들에 미간행 원고까지 더한 이 책을 보면, 헨리가 왜 그토록 공동체를 영적 삶의 모든 차원에 반드시 필요한 요소로 보았는지 알 수 있다.

헨리에게 공동체란 인간 심령의 기본 욕구이자 갈망이다. 우리는 공동체로 살아가도록 창조되었다. 그런데 우리 삶을 이루는 사회의 문화가 개인주의적이고 경쟁이 심하다 보니 공동체를 경험하지 못할 때가 많다. 공동체의 특성은 '수용'과 '친밀함'과 '연약한 모습'이다. 거기서 우리는 다른 사람들과 연대하여 열매를 맺고, 세상을 위한 그리스도의 몸이 된다. 공동체는 서로 돌보며 즐거워하는 곳, 상처와 약점을 드러내는 자리, 죄와 깨어진 모습을 고백하는 안전한 장, 용서받고 용서를 베푸는 사랑의 집이다.

헨리에게 공동체란 또한 평생에 걸친 힘든 추구이기도 했다. 이는 사람들과 어울리고 하나님과 연합하려는 것이었는데, 그중 후자를 그는 자신의 글과 강연에서 "하나님과의 교제"라고 표현한다. 그는 기독교 공동체 데이브레이크에서 사랑받는 일원으로 지냈을 뿐 아니라, 영성 지도를 받고자 트라피스트회 소속 제네시 수도원에 장기간 머문 적도 있다. 헨리가 이야기하는 공동체는 그 두 곳에서 얻은 값진 선물들을 망라한다. 또한 공동체는 친구, 가족, 예배 회중, 공동의 목적으로 모이는 소그룹 등 다른 사람들과 더불어 사는 평범한(때로는 비범한) 경험 속에도 존재한다.

헨리의 말대로 우리는 다양한 형태의 공동체 안에 있으면서 보편적 인간성과 우리의 연약한 모습에 눈뜨고 이를 받아들일 수 있으며, 덕분에 우리 삶에 긍휼이 더 풍성해진다. 헨리가 말한 "낮은 곳으로 내려가는 그리스도의 길"을 우리는 다른 사람들의 격려와 예수님의 모본에 힘입어 실천할 수 있다. 그 길이란 인간의 고통을 외면하지 않고 오히려 사랑으로 보듬는 것이다. 이런 삶이 가능한 이유는 우리 자신이 하나님 안에서 사랑받는 존재임을 깨닫고 누리기 때문이며, 그 사랑은 예외도 없고 조건도 없이 모두에게로 뻗어 나간다.

이미 출간되어 많은 언어로 번역된 서른아홉 권의 저서 가운데 헨리가 1969년부터 1986년 사이에 쓴 여덟 권의 책에 공동체를 알차게 다룬 장들이 들어 있다.[1] 나머지 대다수 책에서도 그는 공동체에 대한 통찰을 통합하여, 이 주제의 여러 차원을 직간접적으로 탐색했다. 유명한 매일 묵상집 《영혼의 양식》*Bread for the Journey*이나 《이 잔을 들겠느냐》*Can You Drink the Cup?*가 좋은 예다. 둘 다 그의 생애에서 마지막 해인 1996년에 완성된 책인데, 그중 《이 잔을 들겠느냐》에 헨리는 이렇게 썼다. "공동체란 기쁨도 슬픔도 숨기지 않고 소망의 몸짓으로 서로에게 드러내는 사람들의 모임이다. …… 공동체는 커다란 모자이크처럼 …… 함께 세상에 하나님을 드러내는 부족한 사람들의 연대다."[2]

헨리는 저술에서뿐만 아니라 북미와 유럽의 여러 강연 자리에서 공동체를 자주 논했다. 아울러 1970년대부터 그가 작고한 1996년까지 다양한 간행물에 이 주제로 짧은 글도 많이 기고했다. 그는 자신의 책 《탕자의 귀향》*The Return of the Prodigal Son*을 영화로 만들려고 러시아 상트페테르부르크로 가던 길에 고국 네덜란드에서 갑자기 심장마비로 사망했다.

이 책에 그렇게 비교적 덜 알려진 글과 강연 내용도 일부 실었으며, 이 책에 수록한 글 중 다섯 편은 이번에 처음 책으로 나오는 것이다. 공동체를 다룬 그의 20여 년에 걸친 저술과 강연을 되돌아보는 이 책은 그의 소천 25주기를 기릴 뿐 아니라, 그가 말한 공동체가 세상에 꼭 필요하며 그의 통찰이 여전히 유효하다는 것을 확증해 준다.

고독과 공동체와 사역에 관한 1993년의 강연인 1장을 제외하고, 나머지 글들은 1970년대부터 1990년대까지 시간 순서대로 장을 배열했다. 2장은 신학 교육에서의 영성 계발과 공동체에 관한 글로, 헨리가 예일대학교 신학부 교수로 10년간 재직하던 시절 1977년에 발표한 것이다. 이 글에서 그는 렉시오 디비나(영적 독서), 기도, 침묵, 영성 지도 같은 영적 훈련의 역할에 더하여, 공동체적 정황에서 기독교 영성과 신학 교육을 탐색했다.

3장에서는 탈진의 위험에 처한 공동체들을 위해 공동체와 고독의 필연적 연관성을 살펴본다. 공동체 구성원들은 홀로 떨어져서 보내는 시간이 있어야 함께 있을 때도 더 강해진다. 그의 설명대로 고독은 뭔가 긍정적인 목표를 이루기 위한 수단 정도가 아니라 그 훨씬 이상이다. 그는 "예언자적 공동체에 고독이 없으면 목회 역량마저 사라져 머잖아 빛이 꺼져 버린다"라고 역설한다.

4장에서 보듯이 공동체 안에서 살려면 마음과 생각이 근본적으로 달라져야 한다. 헨리에 따르면 공동체는 우리에게 "그리스도의 마음으로 살 것"을 요하며, 이는 "우리가 우리를 길동무 즉 같은 길을 가는 사람들로 보는 순간부터 가시화된다."

5장은 본래 1982년에 헨리가 유엔UN 총회의 군비 축소에 관한 제2특별회기를 맞아 뉴욕시에 있는 한 교회에서 했던 설교인데, 거기서 그는 공동체와 기도가 평화를 지키는 데 어떤 역할을 하는지 논한다. 그에 따르면 "공동체라는 장에서 우리는 함께 기도하며 시대의 문제점을 세심히 진단하는 가운데 함께 목소리를 내고 행동에 나설 수 있다."

6장에서 헨리는 깨어진 자아와 깨어진 세상과 공동체의 상호 작용을 살펴본다. 소명을 받고 라르쉬 데이브레이크 공동체에 들어간 지 1년도 안 된 1987년에 가톨릭 청소년 봉사단원들에게 했던 강연이다.

7장에는 1980년대에 헨리가 중앙아메리카 온두라스의 수야파에 있는 또 다른 라르쉬 공동체를 방문했던 때 이야기가 나온다. 그는 이런 공동체들이 현대 그리스도인에게 공동체, 제도적 불의, 예수님과 하나님 나라를 향한 충실성 등에 관해 무엇을 가르쳐 주는지 짚어 본다.

1991년 강연 가운데 일부인 8장에서는 경쟁이 심한 하버드의 학구적 분위기에서 데이브레이크로 옮긴 이후 헨리의 공동체에 대한 이해와 실천이 한층 깊어진 것을 볼 수 있다. 오래도록 찾던 "집"을 드디어 만났지만, 그에 따르는 고통과 고충도 만만치 않았다. 그의 통찰은 세월이 흘러도 일관될 뿐 아니라, 공동체를 삶으로 경험할수록 더 성숙해 갔다.

9장은 헨리가 제시하는 공동체의 영성인데, 라르쉬에서 목양하고 돌봄을 주고받으며 그가 배운 교훈이 통합되어 있다. 공동체 고유의 스트레스와 고충을 결코 감추지 않는 사람답게 그는 "공동체란 당신이 가장 함께 살고 싶지 않은 사람이 항상 살고 있는 곳이다"라고 익살맞게 지적한다.

분량이 많은 편인 끝 장은 헨리가 생애 마지막 해에 라르쉬 공동체 봉사자들 앞에서 했던 강연이다. 그는 공동체 생활에 변화와 변혁이 필요하다면서 조언과 영적 실천 방안을 내놓는다. 공동체 생활의 초점을 긍휼과 생명이라는 예수님의 길에 늘 맞추기 위해서다.

헨리에게 공동체란 결코 주로 추상적 개념이나 이론이나 선택 사항이 아니었다. 날마다 소통과 소속의 끈에 의존하는 우리인 만큼, 더불어 사는 삶은 숨 쉬는 일만큼이나 당연하고 중요하며 생명과 직결된다. 이 사실은 코로나19 팬데믹이 전 세계에 몰고 온 붕괴와 폐해 속에서 여실히 입증되고 있다.

헨리의 소천 25주기를 앞두고 그를 기리는 이 책을 제작할 즈음 치명적 전염병이 발생했다. 그 여파로 교회와 직장이 폐쇄되고, 아이들이 할아버지, 할머니를 볼 수 없게 되고, 일상적으로 가지던 모임들이 중단되고, 어디서나 당연시되던 2020년 2월 이전의 공동체 경험이 달라졌다. 서로 간의 생이별, 외로움, 공중 보건을 위한 강제 봉쇄, 비참한 사별 등은 오래도록 우리의 기억에 남을 것이다. 많은 사람이 '더불어 사는 삶'의 근본적 부재를 경험하는 이때, 인간에게 꼭 필요한 공동체에 대한 헨리의 말과 통찰은 변하지 않을 깊은 지혜일 뿐 아니라 사뭇 시급하게 다가온다.

2021년 2월 14일
재의 수요일을 앞둔 일요일에

스티븐 래저러스
Stephen Lazarus

1 。

‘그리스도인의 삶’과 공동체

아무리 내달려도
삶에 열매가
없다면

'제자도'discipleship와 '훈련'discipline은 같은 단어다. 이 단어는 늘 나를 매료했다. 일단 예수님을 따르기로 결단했다면 이제 남은 문제는 제자 훈련이다. 그 결단에 충실하게 살려면 어떤 훈련이 도움이 될까? 예수님의 참된 제자가 되고 싶다면 모름지기 훈련된 삶을 살아야 한다.

훈련이란 통제를 뜻하는 것이 아니다. 물론 심리학이나 경제학적으로 훈련되어 있다면 그 분야의 지식을 어느 정도 통제할 수 있다. 자녀를 훈육할 때도 통제하려는 마음이 약간은 작용한다.

하지만 영적 삶에서 훈련이란 '하나님이 활동하실 수 있는 공간을 내려는 노력'을 뜻한다. 훈련이란 자신의 삶이 다른 것들로 가득 차지 못하게 막는 일이다. 훈련된 삶에는 정신없이 바쁘지 않은 공간, 염려에 찌들지 않은 공간이 존재한다. 영적 삶에서 훈련이란, 내가 계획했거나 의지하는 일이 아닌 뭔가 새로운 일이 벌어질 수 있는 공간을 내는 것이다.

제자가 될 뿐만 아니라 모든 순간을 제자답게 충실하게 살려면, 세 가지 훈련이 중요하다. 누가복음 6장 말씀에 이 세 가지 훈련이 들어 있다. 익숙한 본문이지만 이것이 훈련에 관한 말씀인 줄 알면 놀랄지도 모른다.

> 이때에 예수께서 기도하시러 산으로 가사 밤이 새도록
> 하나님께 기도하시고 밝으매 그 제자들을 부르사
> 그중에서 열둘을 택하여 사도라 칭하셨으니 곧
> 베드로라고도 이름을 주신 시몬과 그의 동생 안드레와
> 야고보와 요한과 빌립과 바돌로매와 마태와 도마와
> 알패오의 아들 야고보와 셀롯이라는 시몬과 야고보의
> 아들 유다와 예수를 파는 자 될 가룻 유다라 예수께서
> 그들과 함께 내려오사 평지에 서시니 그 제자의 많은
> 무리와 예수의 말씀도 듣고 병 고침을 받으려고 유대
> 사방과 예루살렘과 두로와 시돈의 해안으로부터 온 많은

백성도 있더라 더러운 귀신에게 고난받는 자들도 고침을
받은지라 온 무리가 예수를 만지려고 힘쓰니 이는 능력이
예수께로부터 나와서 모든 사람을 낫게 함이러라.

○ 누가복음 6장 12-19절

이 아름다운 이야기는 밤에 시작되어 아침을 거쳐 오후
로 이어진다. 먼저 예수님은 고독 속에서 하나님과 더불어
밤을 보내셨다. 그리고 아침이 되자 사도들을 불러 공동체
를 이루셨다. 오후에는 사도들과 함께 나가 말씀을 전하시
고 아픈 사람들을 고치셨다.

순서를 잘 보라. 고독이 먼저고, 공동체가 그다음이고,
사역은 나중이다. 밤에 고독이 있고, 오전에 공동체가 있
고, 오후에 사역이 있다. 나는 사역을 혼자 하려 할 때가 많
았다. 그러다 잘 안 되면 사람들을 찾아가 도움을 청했다.
나를 도와줄 공동체를 찾은 것이다. 그래도 잘 안 되면 기
도를 시작했다.

그런데 예수님이 가르치시는 순서는 거꾸로다. 우선 고
독 속에 하나님과 함께 있는 게 먼저다. 다음은 사람들과의
교제, 즉 사명을 함께 실천할 공동체와 더불어 거하는 것이

다. 끝으로 그 공동체가 나가서 치유하고 기쁜 소식을 전파한다.

고독과 공동체와 사역, 이 세 가지 훈련을 통해 우리는 하나님께 공간을 내드릴 수 있다. 하나님이 활동하시고 말씀하실 수 있는 공간을 내드리면 놀라운 일이 벌어진다. 제자가 되고자 하는가? 그렇다면 당신과 나는 분명 이 세 가지 훈련으로 부름받았다.

고독, 하나님과 단둘이 있는 시간

고독이란 하나님과 단둘이 있는 것이다. 당신의 삶에는 그런 공간이 존재하는가?

당신도 하나님과 단둘이 있어야 한다. 그것이 왜 이토록 중요할까? 고독 속에서 당신을 "사랑하는 자"라 부르시는 아버지의 음성을 들을 수 있기 때문이다. 기도란 당신을 "내 사랑하는 딸", "내 사랑하는 아들", "내 사랑하는 자녀"라 부르시는 그분의 음성을 듣는 것이다. 기도란 그 음성을 내 존재의 중심에서, 내면에서 듣고, 그 음성이 내 전 존재에 울려 퍼지게 하는 것이다.

'나는 누구인가?'

'나는 사랑받는 존재다.'

예수님이 요단강에서 올라오실 때 들으신 음성도 그것이었다. "너는 내 사랑하는 아들이요 내 기뻐하는 자라"(막 1:11; 눅 3:22 참조). 예수님은 당신과 나도 그분처럼 사랑받는 존재라고 말씀하신다. 그 동일한 음성이 당신에게도 들려온다. 그 음성을 붙들지 않으면 세상으로 당당히 들어갈 수 없다.

예수님은 늘 그 음성을 들으셨기에 삶을 헤쳐 나가실 수 있었다. 사람들은 그분을 환호하다가 비웃었고, 칭송하다가 거부했다. "호산나!"라고 외치다가 "십자가에 못 박으라!"라고 외쳤다. 하지만 그 모든 소리 속에서 예수님은 이 한 가지 사실을 아셨다. '나는 하나님께 사랑받는 아들이며, 아버지께서 나를 기뻐하신다.' 그래서 그 음성을 붙드셨다.

하나님이 활동하시고 말씀하실 수 있는 공간을 내드리면 놀라운 일이 벌어진다.

그런데 다른 음성들도 많이 있어 이렇게 소리 높여 외

친다. "네가 사랑받는 자라는 것을 증명해 보라. 너의 가치와 쓸모를 입증하라. 뭔가를 보여 달라. 유명해지거나 자그마한 권력이라도 얻으라. 그러면 사람들이 너를 사랑할 것이고, 네가 훌륭하고 대단하다고 말해 줄 것이다."

이런 음성들이 이 세상에서는 매우 힘이 세다. 예수님이 "너는 네 사랑하는 자라"라는 음성을 들으신 직후에, 그분께도 그런 음성이 들려왔다. 또 다른 음성은 말했다. "네가 사랑받는 자임을 증명해 보라. 뭔가 보여 달라. 이 돌을 빵이 되게 하라. 유명해지라. 성전에서 뛰어내리라. 그러면 네 명성이 자자해질 것이다. 권력을 잡으라. 그러면 진짜 영향력이 생길 것이다. 너는 영향력을 원하지 않느냐? 그래서 세상에 온 것이 아니냐?"

그러자 예수님은 말씀하셨다. "아니! 나는 아무것도 입증할 필요가 없다. 나는 이미 사랑받는 자다."

나는 렘브란트가 그린 〈탕자의 귀향〉이라는 그림을 아주 좋아한다. 그림 속의 아버지는 아들을 품고 어루만지며 이렇게 말한다(딸이었더라도 마찬가지였을 것이다). "사랑하는 내 아들아, 너에게 아무것도 묻지 않겠다. 여태 네가 어디서 무엇을 했든, 남들이 너에 대해 뭐라고 말하든, 너는 내 사랑하는 아들이다. 이제 너는 안전하게 내 품 안에 있다. 내가 너를 어루만지니 너는 내 슬하에서 무사하다. 내가 곧 너의 집이다. 내 이름은 긍휼이고 사랑이다."

그 사실을 늘 명심한다면 당신은 자신의 정체성을 잃지 않고도 엄청난 실패와 엄청난 성공 둘 다를 소화할 수 있다. 우리의 정체성은 바로 사랑받는 자이기 때문이다. 부모나 형제자매나 교사나 교회나 세상 어느 누가 우리를 사랑해 주거나 상처를 입히기 오래전부터, 누가 우리를 거부하거나 칭찬하기 오래전부터 "내가 영원한 사랑으로 너를 사랑하기에"라고 말씀하시는 그 음성은 늘 있었다. 그 사랑은 당신이 태어나기 전부터 있고, 당신이 죽은 후에도 있을 것이다.

50년, 60년, 70년, 100년의 삶은 한순간에 지나지 않는다. 그 기간에 당신은 "예, 저도 하나님을 사랑합니다"라고 고백할 수 있다. 하나님은 말구유와 십자가에서 한없이 약해지고 작아지고 의존적인 존재가 되셨다. 그런 그분이 우리에게 간절히 물으신다. "나를 사랑하느냐? 너는 나를 사랑하느냐? 정말 나를 사랑하느냐?"

바로 여기가 사역의 출발점이다. 우리가 누리는 자유

의 근거는 자신이 사랑받는 존재임을 수용하는 데 있다. 사랑받는 존재로 살면 세상 속에 들어가 사람들을 만져 주고, 치유해 주고, 함께 대화할 수 있다. 또한 그들에게도 자신이 사랑받고 선택받고 축복받은 존재임을 인식시켜 줄 수 있다. 자신이 하나님께 사랑받는 존재라는 걸 깨달은 사람은 다른 사람 또한 사랑받는 존재임을 안다. 그리고 그들 안에 있는 그 정체성을 불러내 준다. 하나님의 사랑은 놀랍도록 신비롭다. 내가 얼마나 깊이 사랑받고 있는지 깨달을수록 우리 형제자매들이 얼마나 깊이 사랑받고 있는지도 알게 된다.

하지만 이것은 쉽지 않다. 예수님은 밤새도록 기도하셨다. 이를 통해 알 수 있는 사실이 있다. 기도는 감정이 아니며, 하나님의 음성은 육신의 귀로 듣는 음성이 아니다. 또 이것은 당신의 작은 머릿속에 불쑥 떠오르는 깨달음이 아니다. (하나님의 마음은 인간의 마음보다 크고, 하나님의 생각은 인간의 생각보다 크다. 또 그분의 빛은 한없이 밝아서 당신을 눈멀게 할 수 있고, 당신은 자신이 흑암 중에 있는 것처럼 느껴질 수 있다.)

그래서 당신은 기도해야 한다. 당신을 "내 사랑하는 자"라고 부르시는 그 음성을 들어야 한다. 그렇지 않으면 당신은 인정과 칭찬과 성공을 구걸하며 돌아다닐 것이고, 그러면 자유를 잃는다.

우리가 하루에 딱 30분만이라도 가만히 앉아서 아무것도 하지 않고 복음의 간단한 말씀 한마디를 마주할 수 있다면 얼마나 좋을까. 예를 들어 "여호와는 나의 목자시니 내게 부족함이 없으리로다"(시 23:1)라는 구절을 세 번 반복해서 말해 보라.

우리는 이 말씀의 뒷부분이 사실이 아님을 안다. 내게는 부족한 것도 많고 원하는 것 또한 많기 때문이다. 우리 마음이 늘 불안하고 초조한 것도 그래서다. 하지만 진리 자체, "여호와는 나의 목자시니 내게 부족함이 없으리로다"를 계속 되뇌며 그 진리를 머리에서 가슴으로 내려오게 하면, 점점 그 말씀이 내면에 있는 성소의 벽에 새겨진다. 거기서 생겨나는 여유 덕분에 우리는 직장 동료와 일, 가족과 친구, 하루 중에 만날 사람들을 받아들일 수 있다.

문제는 우리가 앉아서 조용히 있으려는 순간, 온갖 잡념이 떠오른다는 것이다. '참, 친구한테 전화하는 걸 깜박 잊었군. 이따가 만나야 되는데.' 당신의 내면생활은 원숭이들이 뛰어서 오르락내리락하는 바나나 나무와 같다.

하나님은 고독 속에서 말씀하시건만, 당신은 그것을 믿고 가만히 앉아 있기가 쉽지 않다. 그분의 말씀은 마술 같은 육성으로 오는 것이 아니다. 세월을 두고 점차 그분이 당신에게 뭔가를 알려 주신다. 하나님이 주시는 그 말씀에서 당신은 내면의 여유를 얻어 삶을 살아간다.

고독은 영적 사역이 태동하는 곳이다. 예수님은 고독 속에서 하나님의 음성을 들으셨다. 우리도 고독 속에서 하나님의 음성을 듣는다.

가끔, 삶이란 바퀴살이 많이 달린 큰 수레바퀴와도 같다는 생각이 든다. 가운데에 축이 있다. 대개 우리의 사역은 바퀴 테두리를 빙빙 돌면서 모든 사람에게 다가가려는 것같이 보인다. 하지만 하나님은 말씀하신다. "축에서 시작하라. 중심축에 살라. 그러면 모든 바퀴살과 연결되므로 그렇게 정신없이 내달릴 필요가 없다."

공동체, 기관이 아니라 삶의 방식

그 중심축에서 하나님과 교제할 때, 바로 거기서 우리

는 공동체를 이루라는 소명을 발견한다. 놀랍게도 고독은 언제나 우리를 공동체로 부른다. 고독 속에서 당신은 자신이 인간 가족의 일원이라는 것을 깨닫는다. 더불어 살고 싶은 게 우리 마음이다.

내가 말하는 공동체란 공식적인 단체가 아니라 가족, 친구, 교구, 12단계 프로그램, 기도 모임 등이다. 공동체란 기관이 아니라 삶의 방식이다. 우리는 하나님께 사랑받는 자녀이며, 그 진리를 함께 선포하고 싶은 사람들이 모여 공동체를 이룬다.

공동체는 쉽지 않다. 누군가의 말처럼 "공동체란 당신이 가장 함께 살고 싶지 않은 사람이 항상 살고 있는 곳이다." 예수님이 이루신 열두 사도 공동체에서 맨 마지막에 나오는 이름은 장차 그분을 배반할 사람이었다. 당신의 공동체 안에도 그런 사람이 있게 마련이다. 어쩌면 다른 사람들이 보기에는 당신이 곧 그 사람일 수도 있다.

지금 나는 '데이브레이크'라는 공동체에서 살고 있다. 지적장애를 지닌 남녀노소들과 봉사자들이 함께 사는 전 세계 100여 개 라르쉬 지부 가운데 하나다. 우리는 모든 일상생활을 공유한다. 네이턴과 재닛을 비롯해서 우리 공동체의 모든 지체는 함께 산다는 게 얼마나 어렵고도 아름다운 일인지 알고 있다.

고독이 공동체보다 앞서는 게 왜 그렇게 중요한가? 자신이 하나님의 사랑받는 자녀임을 모르는 사람은 그 사랑받는 느낌을 공동체 안에 있는 누군가에게서 얻고자 한다. 물론 그들은 그런 사랑을 줄 수 없다. 우리는 조건 없는 완전한 사랑을 인간에게 기대한다. 그러나 공동체란 외로움이 외로움에 매달리는 것이 아니다. "나도 무척 외롭고 너도 무척 외롭다."

공동체란 고독과 고독이 만나는 것이다. "나도 사랑받는 자고 너도 사랑받는 자다. 우리는 함께 집을 지을 수 있다." 서로 가까울 때도 있다. 그럴 때는 참 좋다. 사랑이 별로 느껴지지 않을 때도 있다. 그럴 때는 힘들다. 하지만 어느 경우든 우리는 충실할 수 있다. 함께 집을 지어서 하나님과 그분의 자녀들을 위한 공간을 창출할 수 있다.

공동체의 훈련 가운데 용서 훈련과 경축celebration 훈련이 있다. 부부 사이, 친구 사이, 기타 모든 형태의 공동체는 용서와 경축이 있기에 존재할 수 있다. 용서란 무엇인가? 용서란 상대를 하나님이 아닌 존재로 그냥 두는 것이다. 용서는 이렇게 말한다. "네가 나를 사랑한다는 걸 안다. 하지만 나를 조건 없이 사랑하지 않아도 된다. 어떤 인간도 그럴 수 없기 때문이다."

누구나 상처와 깊은 고통을 안고 있다. 우리의 모든 성공 뒤에는 외로운 마음이 도사리고 있다. 우리가 받는 모든 칭찬의 이면에는 자신이 쓸모없는 존재라는 느낌이 숨어 있다. 사람들에게 훌륭하다는 말을 들을 때도 우리는 허탈감을 느낀다. 그 허탈감 때문에 때로는 사람들에게 매달려, 그들이 줄 수 없는 애정과 사랑을 기대하기도 한다.

하나님만이 주실 수 있는 것을 인간에게 바라면 우리는 상대에게 악마가 된다. "나를 사랑해 달라!"라고 말할 때 우리는 자신도 모르게 폭력과 요구와 조종을 일삼게 된다. 그래서 서로 용서하는 일이 매우 중요하다. 어쩌다 한 번이 아니라 삶의 매 순간 용서해야 한다. 아침 식사를 하기도 전에 이미 우리에게는 사람들을 용서할 기회가 적어도 세 번은 찾아온다. 우리 머릿속에 이미 이런 의문이 들기 때문이다. '그들은 나를 어떻게 생각할까? 그 사람은 나를 어떻게 대할까? 나를 어떻게 이용할까?'

사람들은 나에게 사랑을 조금밖에 줄 수 없다. 그런 그들을 용서한다는 건 참으로 힘든 훈련이다. 나 또한 사랑을 조금밖에 줄 수 없다. 그것 때문에 사람들에게 계속 용서를 구하는 것도 힘든 훈련이다. 마음 같아서는 다 주고 싶어도 우리는 그럴 능력이 없다. 자녀나 배우자나 친구에게 그렇다고 고백하려면 아픔을 감수해야 한다. 그래도 공동체가 탄생하려면 요구하는 자세를 버리고 함께 모여 용서해야만 한다.

자신이 하나님께 사랑받는 존재임을 알면, 당신은 엄청난 실패와 엄청난 성공을 둘 다 소화할 수 있다. 바로 거기서 공동체의 두 번째 훈련인 경축이 싹튼다. 하나님만이 주실 수 있는 걸 인간은 줄 수 없다. 그 점을 용서할 수 있을 때 당신은 상대가 가진 은사를 경축할 수 있다. 그러면 그 사람이 내게 주는 사랑이 하나님의 크고 무조건적인 사랑의 반사체로 보인다. "내가 너희를 먼저 사랑했으니 너희도 서로 사랑하라." 그 처음 사랑을 알면 비로소 사람들로부터 오는 사랑이 그 사랑의 반사체로 보인다. 그 사랑을 경축하면서 정말 아름답다고 감탄할 수 있다.

우리 데이브레이크 공동체도 용서가 많이 필요한 곳이다. 그런데 그 용서의 한복판에서 경축이 솟아난다. 사회에서는 하찮게 여겨지는 사람들이지만, 우리는 서로의 아름다움을 본다. 용서와 경축이 있을 때 공동체는 서로의 은사를 발견하고 세워 주는 곳, "너는 하나님의 사랑받는 자녀다"라고 말해 주는 곳이 된다.

상대의 은사를 경축한다는 것은 "피아노 연주 실력이 더 좋아졌네", "노래를 참 잘하는구나!" 따위의 가벼운 칭찬을 주고받는다는 뜻이 아니다. 그거라면 차라리 장기자랑에 더 가깝다.

서로의 은사를 경축한다는 것은 상대의 인간성을 받아들인다는 뜻이다. 데이브레이크에서는 서로를 그냥 사람으로 본다. 미소 지을 수 있는 사람, 반갑다고 말할 수 있는 사람, 음식을 먹을 수 있는 사람, 몇 걸음을 뗄 수 있는 사람으로 말이다. 남들이 보기에는 깨어진 사람이지만, 어느 순간 갑자기 그들에게서 생기가 뿜어져 나온다. 그들을 통해 나 자신의 깨어진 모습을 발견하기 때문이다.

내 말은 이런 뜻이다. 세상에는 자기 비하라는 짐에 시달리는 사람들이 수없이 많다. '나는 무익하고 쓸모없는 존재다. 사람들은 나한테 아무런 관심도 없다. 만약 나한테 돈이 없다면 아무도 내게 말을 걸지 않을 것이다. 나한테 좋은 직장이 없다면 아무도 나를 불러 주지 않을 것이다. 나한테 영향력이 없다면 아무도 나를 사랑하지 않을 것이다.' 겉으로는 성공하여 칭송받는 사람도 속으로는 자신을 못났다고 여기며 두려움 속에 살아갈 수 있다. 공동체란 서로의 약한 모습을 드러내는 곳이다. 그 상태 그대로 우리는 서로 용서하고 다른 지체의 은사를 경축할 수 있다.

데이브레이크에 온 뒤로 나는 참 많은 것을 배웠다. 내 참된 은사는 책을 쓰거나 대학에서 가르치는 일이 아니었다. 재닛과 네이턴을 비롯한 사람들이 나의 참은사를 발견해 주었다. 그들은 나를 워낙 잘 알기 때문에 내가 쓴 책이나 내가 가진 직함인 명문대 교수직에 더 이상 감명받지 않는다. 그들은 가끔씩 내게 이런 말을 해 준다. "조언을 하나 하자면요. 당신이 쓴 책들을 직접 읽어 보세요."

내 약하고 조급하고 부족한 모습이 공동체 지체들에게 그대로 드러날 때, 거기서 치유가 일어난다. 문득 나는 깨닫는다. 독서를 하지 않고 성공에 관심이 없는 사람들이 보기에도 나 헨리가 좋은 사람임을 말이다. 자기중심의 몸짓과 행동이 늘 나를 떠나지 않지만, 이 사람들은 매번 나를 용서해 줄 수 있다.

사역, 행위 이전에 믿음의 영역

예수님의 제자들은 모두 사역으로 부름받았다. 사역이란 일차적으로 당신이 행해야 하는 무엇이 아니다. 비록 많은 일을 해야 하지만 말이다. 사역이란 당신이 믿어야 하는 무엇이다. 자신이 사랑받는 존재임을 안다면, 공동체 안에 있는 사람들을 용서하고 그들의 은사를 경축한다면, 거기서 사역이 나올 수밖에 없다.

예수님은 사람들을 치료하실 때 온갖 복잡한 절차를 거치지 않으셨다. 그분에게서 능력이 나왔고, 그래서 모두의 병이 나았다. 그분은 환자에게 이렇게 말씀하지 않으셨다. "우선 10분 동안 대화해 보자. 그러면 내가 뭔가 조치를 취할 수 있을 거야."

그분을 만진 사람은 누구나 치유되었다. 그분의 순수한 마음에서 능력이 나왔기 때문이다. 예수님이 원하신 일은 딱 하나, 하나님의 뜻을 행하시는 것이었다. 그분은 철저히 순종하셨고, 언제나 하나님의 음성을 들으셨다. 이 경청을 통해 예수님은 하나님과 친밀해지셨고, 그 친밀함이 그분이 보고 만지시는 모든 사람에게로 발산되었다.

사역이란 바로 그것을 믿어야 한다는 뜻이다. 당신이 하나님의 자녀라면 당신에게서 능력이 나와 사람들이 치유될 것이다. 그것을 믿어야 한다.

"나가서 환자를 고치라. 뱀을 밟고, 죽은 자를 살리라." 이것은 한가한 농담이 아니다. 그런데 예수님은 "내가 하는 일을 너희도 할 것이요 또한 그보다 큰일도 하리라"라고 말씀하셨다(요 14:12 참조). "내가 세상으로 보냄받은 것처럼 너희도 몸과 마음을 치유하도록 세상으로 보냄받았다"라고 정확히 말씀하셨다.

이 치유의 능력을 믿으라. 당신이 사랑받는 존재로 산다면 알게 모르게 사람들을 치유하게 되어 있다. 그 사실을 믿으라. 당신은 이 소명에 충실하기만 하면 된다.

치유의 사역은 감사와 긍휼이라는 두 단어로 표현할 수 있다. 종종 치유는 사람들을 감사하도록 이끌어 줄 때 일어난다. 그만큼 세상이 원망으로 가득 차 있기 때문이다. 원망이란 무엇인가? 차가운 분노다. '나는 그 사람에게 화가 난다. 이 일에 화가 난다. 내가 원한 건 이게 아니다.' 점차 부정적인 일이 더 많아져서 머잖아 나는 한 맺힌 사람이 된다.

원망은 당신을 실패나 실망에 집착하게 하며, 살면서 상실을 겪을 때마다 불평하게 한다. 우리 삶은 꿈을 잃고, 친구를 잃고, 가족을 잃고, 희망을 잃는 등 온갖 상실로 점철되어 있다. 그리고 우리 안에는 이런 엄청난 고통에 원망으로 반응할 수 있는 위험이 늘 도사리고 있다. 그렇게 자꾸 원망하다 보면 마음이 딱딱해진다.

예수님은 우리를 불러 감사하게 하신다. 우리에게 이렇게 외치신다. "미련한 자들이여, 너희는 인자^{人子}가, 너희가, 우리가 고난을 받고 나서 영광에 들어가야 할 것을 몰랐더냐? 이 고통이 너희에게 기쁨을 안겨 줄 해산의 진통임을 몰랐더냐? 우리가 경험하는 모든 상실이 하나님 보시기에는 오히려 득이 됨을 몰랐더냐? 자기 목숨을 잃는 자는 얻는다. 밀알이 죽지 않으면 작은 밀 한 알로 남지만 죽으면 많은 열매를 맺는다."

당신은 정말 자기 삶에 일어난 모든 일을 인해서 감사할 수 있는가? 좋은 일만 아니라 오늘의 당신을 있게 한 모든 일에 감사할 수 있는가? 하나님의 아들 예수님이 고통을 당하셨기에 그리스도인이라는 사람들의 가족이 생겨났다. 그야말로 하나님의 신비다.

우리가 사역하는 목적은 사람들이 점차 원망을 버리고 고통 속에 복이 있음을 깨닫도록 그들을 도와주기 위해서다. 당신의 눈물 속, 바로 거기서 춤이 시작되고 기쁨이 처음으로 느껴진다.

제정신이 아닌 이 세상에서는 좋을 때와 궂을 때, 슬픔과 기쁨이 확연히 구분된다. 그러나 하나님의 눈으로 보면 양쪽이 분리될 수 없다. 고통이 있는 곳에 치유가 있고, 애통이 있는 곳에 춤이 있다. 가난이 있는 곳에 하나님 나라가 있다.

예수님은 우리에게 말씀하신다. "너의 고통을 인해 울라. 그러면 너의 눈물 속에 내가 있음을 알게 될 것이다. 너의 연약함 속에 함께하는 나의 임재를 인해 감사하게 될 것이다."

삶에 고통이 있을지라도 감사하도록 돕는 것, 그것이 사역이다. 그 감사가 당신을 세상 속으로, 사람들이 고통당하는 바로 그 자리로 보내 줄 수 있다. 사역자, 즉 예수님의 제자는 고통이 있는 곳으로 간다. 피학성 성격이나 가학성 성격이라서가 아니라 하나님이 고통 속에 숨어 계시기 때문이다.

"가난한 자는 복이 있나니." 예수님은 "가난한 자를 돌보는 자는 복이 있다"라고 말씀하지 않으시고 "가난한 자는 복이 있다. 애통하는 자는 복이 있다. 고통당하는 자는 복이 있다. 거기에 내가 함께한다"라고 말씀하신다. 당신도 사역을 하려면 고통이 있는 곳으로 가야 한다. 때로 한 인간의 고통은 속에 꼭꼭 숨어 있을 때도 있다. 겉으로 보기에는 고통이 없거나 성공한 것처럼 보일 수 있다.

긍휼이란 아파하는 사람들과 더불어 살며 함께 아파한다는 뜻이다. 예수님은 외아들을 죽음으로 떠나 보낸 나인 성의 과부를 보시고 긍휼히 여기셨다. 그 여인의 아픔이 그분의 몸에 그대로 전해졌다. 고통이 어찌나 영혼 깊이 느껴졌던지 그 긍휼의 마음으로 그분은 아들을 불러 다시 살리셔서 어머니에게 돌려주셨다.

우리는 어디든지 가난과 외로움과 고난이 있는 곳으로 보냄받았다. 용기를 내서 사람들과 함께 있도록 말이다. 그 고통의 자리로 뛰어들면 예수님의 기쁨을 얻는다. 그 사실을 믿으라. 역사 속의 모든 사역은 그 비전 위에 세워졌다. 새로운 세상은 긍휼에서 태동한다.

"하늘에 계신 너희 아버지께서 긍휼히 여기시는 것같이

너희도 긍휼히 여기라." 이것은 큰 소명이지만 그렇다고 두려워할 것은 없다. 걱정하지 말라. "나는 할 수 없다"고 말하지 말라.

자신이 사랑받는 존재임을 인식하고 주변 친구들과 함께 공동체로 살아가면, 당신은 무엇이든 할 수 있다. 더 이상 두렵지 않다. 죽음을 앞둔 누군가가 있는 병실의 문도 두려움 없이 두드릴 수 있다. 겉만 번드르르할 뿐 속으로는 절실히 사역이 필요한 사람과도 두려움 없이 대화를 시작할 수 있다. 당신은 자유롭다.

나도 그것을 매번 경험한다. 물론 내가 우울하거나 불안할 때 친구들이 그것을 해결해 줄 수 없음을 나도 잘 안다. 그러나 사역으로 나를 섬겨 준 사람들은 나와 함께 있어 주는 것을 두려워하지 않았다. 나의 가난함이 느껴지는 바로 그 자리에서 나는 하나님의 복을 발견했다.

풍성하게 열매 맺는 삶

내 동창생 하나가 몇 주 전에 세상을 떠났다. 사람들이 내게 장례 예배를 녹화한 테이프를 보내 주었다. 예배 맨 처음 시간, 어느 작은 강에 대한 이야기가 낭독되었다. 작은 강은 "나는 큰 강이 될 수 있어"라고 말했다. 열심히 노력했지만 앞에 큰 바위가 나타났다. 강은 "이 바위를 빙 돌아가면 돼"라고 말했다. 작은 강은 힘이 셌으므로 계속 밀고 밀어 결국 바위를 돌아갔다.

곧 강은 거대한 벽에 부딪쳤고 이번에도 벽을 계속 밀었다. 결국 강은 협곡을 만들고 길을 파서 지나갔다. 점점 커지는 강은 "나는 할 수 있어. 밀어붙이면 돼. 무슨 일이 있어도 포기하지 않을 거야"라고 말했다.

머잖아 거대한 숲이 나타났다. 강은 "그래도 내 전진은 멈추지 않아. 그냥 힘으로 나무들을 제압하면 돼"라고 말했다. 그리고 그 말대로 했다.

어느새 힘이 막강해진 강은 땡볕이 내리쬐는 광막한 사막의 언저리에 닿았다. 강은 "이 사막도 뚫고 지나갈 거야"라고 말했다. 하지만 뜨거운 모래가 강물을 점점 빨아들였다. 강은 여전히 "아, 안 돼! 나는 반드시 해내고 말 거야. 사막을 통과할 거야"라고 말했다. 그러나 강물은 곧 모래밭에 흡수되어 작은 진흙 웅덩이만 남았다.

그때 위에서 강에게 이런 음성이 들려왔다. "그냥 내려놓으라. 내가 너를 번쩍 들어 올리겠다. 나한테 넘기라."

강은 "제가 여기 있습니다"라고 말했다.

그러자 태양은 강을 번쩍 들어 올려 커다란 구름이 되게 했다. 구름은 두둥실 떠서 사막을 건너가 비가 되어 내렸고, 마침내 저 멀리 들녘에는 풍성한 열매가 맺혔다.

우리 삶에도 사막을 마주하는 순간이 찾아온다. 그때 우리도 자신의 힘으로 해내려 한다. 그러나 우리에게 음성이 들려온다. "손을 놓으라. 내려놓으라. 내가 너에게 열매를 허락하겠다. 나를 믿으라. 나한테 너를 맡기라."

당신과 나의 삶에서 중요한 것은 성공이 아니라 열매다. 당신 삶의 열매가 당신에게는 보이지 않을 수도 있다. 삶의 열매는 대개 당신의 고통과 상실과 연약함 속에서 싹튼다. 당신의 땅을 쟁기로 갈아엎어야만 비로소 삶의 열매가 맺힌다. 하나님은 당신이 풍성한 열매를 맺기를 원하신다.

문제는 '남은 인생 동안 내가 할 수 있는 일이 얼마나 될까?'가 아니다. 문제는 이것이다. '내 삶에 풍성한 열매가 맺힐 수 있도록 어떻게 나를 하나님께 완전히 내드릴 것인가?'

우리의 작은 삶은 그야말로 인간의 보잘것없는 삶이다. 하지만 우리를 "사랑하는 자"라고 부르시는 하나님의 눈으로 보면 우리는 큰 존재다. 남아 있는 연수^{年數}보다 더 큰 존재다. 당신과 나는 열매를 맺을 것이다. 이 땅에서는 우리 눈으로 열매를 볼 수 없겠지만, 그래도 우리는 그 열매를 믿을 수 있다.

고독과 공동체와 사역, 이 세 가지 훈련을 통해 우리는 열매 맺는 삶을 살 수 있다. 예수님 안에 거하라. 그분도 당신 안에 거하신다. 당신은 많은 열매를 맺을 것이고, 큰 기쁨을 누릴 것이다. 당신의 기쁨이 충만할 것이다.

2 .

'영성 계발'과 공동체

마음,
혼자서는
가꿀 수 없다

* 이 글에서 헨리 나우웬은 영성 계발과 공동체가 신학 교육에
   미치는 역할을 고찰한다. 본래 "당신의 마음에 새겨진 것은 무
   엇인가? 영성 수련하기"라는 제목으로 1977년 8월호 〈소저너
   스〉(*Sojourners*)에 실렸다.

신학 교육에서 영성 계발은 중요하다. 최근에 내가 읽은 짤막한 이야기에서 그것을 단순하면서도 생생하게 표현했다. "작업 중인 조각가를 한 어린 소년이 지켜보고 있었다. 조각가는 몇 주에 걸쳐 거대한 대리석 덩어리를 계속 깎아 냈다. 드디어 몇 주 후에 멋진 대리석 사자가 탄생하자 어린 소년이 놀라 물었다. '아저씨, 저 돌 속에 사자가 들어 있는 걸 어떻게 아셨어요?'"[1]

조각가는 대리석을 알기 이전에 사자부터 알아야 한다. '마음'에 사자가 새겨져 있어야 돌에서도 사자가 보인다. 조각가의 비결은 무엇이든 마음에 새겨진 대로 대리석 덩어리도 그렇게 보인다는 것이다. 마음에 새겨진 것이 천사면 대리석 속에서 천사가 보이고, 마음에 새겨진 것이 악마면 대리석 속에서 악마가 보인다. 마음에 새겨진 것이 하나님이면 대리석 속에서 하나님이 보인다. 그러므로 조각가에게 중요한 질문은 이것이다. '내 마음에 새겨진 것은 무엇인가?'

소년과 조각가의 이야기를 통해 우리는 영성 계발이란 곧 마음을 가꾸는 일임을 알 수 있다. 아무리 잘 훈련받고 박식한 사역자라도 마음이 무지하다면 무슨 소용인가? 박식한 지성을 이끌어 줄 잘 빚어진 마음이 없다면, 대단한 신학적 학식이나 훌륭한 목회적 소양이 무슨 소용인가?

머리로 아는 지식이 최종적으로 하나님께 다다를지 악마에게 다다를지는 마음에 달려 있다. 하나님의 말씀을 분석과 토론의 주제로만 여길 뿐 가슴으로 내려가지 않는다면, 말씀조차도 사랑의 길잡이 대신 파멸의 도구가 되기 쉽다. 영성 계발에는 끊임없이 머리에서 가슴으로 내려가는 훈련이 필요하다. 그래야 진정한 지식을 얻을 수 있다.

영성 계발의 필요성에는 많은 사람이 동의하겠지만 방법의 문제는 누구라도 답하기가 무척 어렵다. 기독교 영성사에 '학파'가 많았던 만큼이나 영성 계발 방법도 분명 많이 있다. 각 학파를 대표하는 인물로는 디오니시우스 위偽 아레오파기타, 마이스터 에크하르트, 아빌라의 테레사, 이냐시오 데 로욜라, 존 웨슬리, 조지 폭스, 토머스 머튼, 예수의 작은 형제회, 테제 공동체 등이 있다. 그러나 이런 폭넓은 다양성의 밑바탕에 몇 가지 눈에 띄는 주제가 있어, 그것을 자신과 타인의 영적 성장에 관심 있는 모든 사람에게 길잡이로 제시할 만하다. 여기서는 신학 교육이라는 정황에서 특히 중요해 보이는 세 가지 주제에 집중하려 한다. 바로 '렉시오 디비나'와 '침묵'과 '영성 지도'다.

성경을 '내게 주시는 말씀'으로 읽기

베네딕토회 전통에서 유래한 렉시오 디비나lectio divina라는 용어는 성경을 묵상하는 독서법을 가리킨다. 우선 가장 중요한 것은 하나님의 말씀을 읽는 일이다. 내 안에 짙어지는 의혹이 있는데, 우리는 신학을 공부할수록 오히려 렉시오 디비나의 의미로 읽는 성경과는 멀어질 수 있다는 것이다.

성경을 읽으려면 우선 하나님의 말씀을 내게 주시는 말

씀으로 대해야 한다. 하나님은 말씀을 통해서 나라는 개인에게 자신을 계시하신다. 내 이야기와 하나님의 이야기가 서로 만나는 그 순간에 뭔가 일이 벌어져야 한다. 성경을 렉시오 디비나로 읽으려면 먼저 경건한 마음으로 무릎을 꿇고 주의 깊게 읽어야 한다. 독특한 상황에 처한 내게 하나님이 주실 말씀이 있음을 깊이 믿어야 한다.

사실 성경은 일차적으로 정보서가 아니라 인간을 빚어내는 책이다. 분석하고 검토하고 토론할 내용이기 이전에, 우리를 양육하여 가슴과 머리를 하나 되게 하는 책이며 관상觀想, contemplation의 변치 않는 출처다. 우리가 하나님의 말씀을 내게 주시는 말씀으로 선뜻 들을 때에만 성경은 자신을 드러내며 우리 마음의 중심부로 뚫고 들어온다. 이는 결코 쉬운 일이 아니다. 계속 기꺼이 변화하면서 내키지 않는 곳으로 가야 하기 때문이다.

말씀, 침묵 없이는 소화시킬 수 없다

말씀은 침묵이 없이는 결코 열매를 맺을 수 없다. 현대

신학교의 가장 암울한 측면 가운데 하나는 침묵이 없다는 것이다. 내가 지켜본 결과, 신학생과 사역자와 신부는 참말이 많은 사람들이다. 언제고 신학생을 만나기만 하면 말이 끊이지 않는다. 물론 서로 마음이 맞는 분위기와 숨김없는 생활 방식 때문일 때도 많지만, 그래도 떨칠 수 없는 의문이 있다. 인간의 말이 계속 길을 막는다면, 우리 마음 중심부에 하나님의 말씀을 정말 받아들일 수 있을까?

침묵은 영성 계발에 이르는 왕도다. 영적 삶에 진지한 관심이 있는 사람치고 침묵을 점점 더 갈망하지 않는 경우를 나는 본 적이 없다. 진리를 제대로 알려는 사람일수록 "혀는 곧 불이요 불의의 세계라 혀는 우리 지체 중에서 온 몸을 더럽히고"(약 3:6)라는 인식이 깊어질 뿐 아니라, 침묵을 통해서만 성경 말씀이 머리에서 가슴으로 내려올 수 있음도 깨닫는다. 마음과 생각이 우리 자신의 말로 가득 차 있는 한, 하나님의 말씀이 마음 깊이 들어와 열매를 맺을 여지가 있을 리 없다.

성경 말씀을 받아서 묵상하려면 침묵 속에서만 가능하다. 그러므로 묵상이란 무엇보다도 하나님의 말씀을 침묵 속에 받아들여 반추하고 곱씹고 '먹어서' 우리의 살과 피로

삼는다는 뜻이다. 침묵이 없으면 말씀이 내면의 길잡이가 될 수 없다. 말씀이 우리 마음속에 터를 잡고 거기서 소리를 낼 수 없기 때문이다.

종종 궁금해진다. 최소한 강의실에서 보내는 시간만큼만 신학생들이 침묵하며 묵상한다면, 이는 가치 있는 일일까? 그럴 때 그들은 하나님에 관해 들은 많은 말을 잘 걸러내서 마음속에 받아들일 수 있으리라.

영적 분별을 도와줄 사람들

말씀은 침묵에서 태어나 늘 침묵으로 돌아간다. 그 말씀을 통해 하나님의 영이 우리 마음속에 들어와 우리 존재의 중심부에서 외치실 수 있다. 그러나 말씀과 침묵을 통해 마음에 이르는 길은 보기보다 쉽지 않다. 어떤 경험을 믿고 어떤 경험을 믿지 말아야 할지, 어떤 감화에 따르고 어떤 감화를 피해야 할지 몰라 혼란에 빠지기 쉽다. 머리에서 가슴으로 내려가는 길이 곧 영성 계발의 길인데, 여기에도 함정이 없지 않다. 그래서 영적 삶을 진지하게 대하는 사람들이 늘 영성 지도를 구하는 것은 당연한 일이다. 가히 우리 시대에 많은 사람이 영성 스승으로 자처하고 있으나 안타깝게도 아마추어가 많고, 믿어도 될 만큼 이 분야를 잘 아는 사람은 드물다.

지난 몇 년 사이에 나타난 가장 고무적인 징후 가운데 하나는, 영성 스승을 양성하는 기관들이 생겨난다는 것이다. 성령(거룩하신 영)을 많은 거룩하지 못한 영과 구별하도록 도와줄 수 있는 사람들이 갈수록 더 필요하다. 내가 짐작하기로 미래의 신학 교육은 이 새로운 현상에 큰 영향을 받을 것이다. 신학생들은 깊은 관심을 품고 내면 가장 깊은 곳에 성령의 공간, 즉 성령께서 권능으로 우리를 해방하실 수 있는 공간을 내드려야 한다. 그러면 성경 해석, 교리, 윤리, 역사, 특히 목양 등의 공부를 통해 마음까지 가꿀 수 있는 가능성이 몰라보게 높아질 것이다.

유능한 영성 스승의 지도하에 침묵 속에서 하나님의 말씀을 받아야 한다는 것은 특정한 '기도 학파'와 관계없이 저마다 똑같이 강조하는 사항이다. 하지만 그래도 이것이 영성 계발에 대한 결론은 아니며, 오히려 오도의 소지마저 있다. 영성 계발이 지극히 개인적인 일이라는 인상을 줄 수 있기 때문이다. '내가 말씀을 읽고, 내가 침묵 속에 들어가고, 내가 전문가의 도움으로 마음에 이르는 길을 찾는다.' 그러면 영성 계발은 영적 거인들을 길러 내는 일로 인식되기 쉽고, 거기서 금세 이런 개념이 생겨난다. 즉 특별히 영적인 구도자가 특별히 영적인 스승의 지도를 받아 특별히 영적인 기술과 방법을 활용한다는 것이다.

그래서 여기서 짚고 넘어갈 것이 있다. 기독교 영성은 아시아의 여러 영성과는 강조점이 다르다는 것이다.

영적 삶은 늘 공동체적이다

기독교 영성은 본질상 공동체적이다. 공동체 생활과 따로 떼어서는 그리스도인의 기도 생활을 결코 바로 알 수 없다. 그리스도인의 삶에서 기도는 공동체를 낳고, 공동체는 기도를 낳는다. 렉시오 디비나와 침묵과 영성 지도는 기독교 공동체라는 정황 속에서 완성된다. 그러므로 하나님의 말씀을 읽고 침묵 속에서 듣는 행위는 개인을 완성시키는 혼자만의 기술이 아니며, 영성 스승도 혼자만의 깨달음에서 권위가 생겨나는 무슨 도사가 아니다. 이 모두는 하나님 백성의 공동체적 삶에서 반드시 갖추어야 하는 요소이며, 무엇보다 먼저 공예배로 표현된다.

우리는 마음을 가꾸는 일을 자꾸 사생활로만 보려 한다. 이런 개인주의의 유혹은 신학교마저 야망과 경쟁 위주의 교육 기관이 될 때 특히 기승을 부린다. 어디든 야망과 경쟁이 지배하는 곳에서는 공동체 형성이 심히 어렵다 못해 거의 불가능하다. 역시 사역이란 무엇보다도 하나님의 백성을 섬기는 것이므로, 일대일 관계 중심의 정신의학 모델이나 심리학 모델로 격하될 수 없다. 이 모두에서 확연히 알 수 있듯이, 신학 교육에서 영성을 계발하려면 공동체 생활이 꾸준히 이루어져야 한다.

말씀을 읽는 장(場)은 일차적으로 공동체이고, 침묵도 더불어 사는 삶의 일부이며, 영성 지도도 우선적으로 전체 공동체 이름 안에서 보고 경험해야 한다.

그렇다면 거기서 많은 질문이 새로 생겨난다. 신학 교육의 내용과 방법에 관해서만이 아니라 양식 면에서 특히 그렇다. "학생들과 교수진은 신학 교육을 공동체적 책임으로 경험하는가? 상호 지원하에 함께 배우고 서로에게 배우도록 부름받았다는 것을 충분히 인식하는가? 강의실은 공동생활의 장이며, 과제와 논문과 실습은 과연 더불어 사는 삶에서 나온 산물인가? 매일 드리는 예배와 매주 치르는 성찬식은 하나님의 백성으로서 우리가 할 수 있는 경험의 절정이자 가장 충만한 표현인가?"

사역이 주로 공동체의 이름으로 맡겨지고 수행되는 소명임을 진실로 믿는다면, 이 모두는 매우 중요한 질문이다. 기타 유사한 질문들도 마찬가지다. 신학생들이 정식 교육 기간에 경험하는 모든 것이 경쟁심과 고도의 개인주의를 부추긴다면, 그들은 그런 사역에 맞춰 준비를 갖출 수 없다.

지극히 개인적인 환경에서 영성 계발이 가능하다는 어리석은 생각은 금물이다. 사실은 역효과가 날 수 있다. 마음에 이르는 길인 말씀과 침묵과 영성 지도가 개인주의 일색의 환경에 접목되면, 오히려 그것이 우리의 자아도취 성향을 부추겨 영적 자기중심성에 빠뜨릴 수 있다. 그러면 소위 '영성 계발' 때문에 우리 마음이 좁아져서, 하나님 백성의 목자라는 성경적 소명에서 멀어진다.

그러므로 진정한 영적 성장이 이루어지는 곳에서는 당연히 늘 공동체가 탄탄해지고, 거꾸로 진정한 공동체가 있는 곳에서는 늘 영적 삶에 더 깊이 들어가려는 갈망이 커진다.

다만 여기서 덧붙일 말이 있다. 공동체는 현대의 '그룹 기법'과는 거의 혹은 전혀 무관하다. 소그룹 토의, 대화식 수업, 감수성 워크숍 등 사람과 사람을 결속시키는 모든 방법이 반드시 공동체의 표출은 아니다. 오히려 그 반대일 소지가 높다. 꼬박 1년간 집단 상담을 받은 사람들은 리더십 유형이나 대인 교류에 대해서는 많이 배울 수 있지만, 그들이 꼭 공동체로 발전하는 것은 아니다.

공동체는 성령이 주시는 선물이며 침묵과 발언, 듣기와 말하기, 공동생활과 혼자 지내기, 여러 예배 방식 등 각양 각색의 모습으로 표출될 수 있다. 공동체는 무엇보다 마음의 자질이며, 덕분에 우리는 경쟁 사회의 허상에서 벗어나 서로를 그리스도 안의 형제자매이자 한 아버지의 아들딸로 인식할 수 있다. 공동체는 마음의 자질인 만큼 특정한 제도 적 형식에 얽매이지 않으며, 출현하는 곳마다 새로운 형태의 삶을 자유로이 창출한다.

이렇듯 영적 삶은 늘 공동체적이다. 공동체에서 흘러나오고 공동체를 이루어 낸다. 영적 삶은 우리 안에 계신 성령의 삶이다. 우리 마음의 중심부와 더불어 사는 삶의 중심부에 하나님의 영이 거하신다. 결국 가장 개인적인 것이 가장 공동체적이고, 가장 사적인 것이 가장 공적이다. 개인 생활에 가장 양분이 되는 것이 하나님 백성의 공동체 생활에도 최고의 양식이다. 그래서 기도와 공동체가 늘 함께 다니는 것은 놀랄 일이 아니다. 우리 안에서 기도하시는 성령이 또한 우리를 한 몸으로 연합하시기 때문이다.

현대 사역자들의 영성 계발이 중요하다는 것을 어떻게 하면 더 명확하게 설명할 수 있을까? 마음에 이르는 길을 자유에 이르는 길로 생각하는 게 최선의 답일 것 같다. 자유에 이르는 길인 까닭은 그것이 진리에 이르는 길이며 진리가 우리를 자유롭게 하기 때문이다. 예수님은 제자들을 떠나실 때 이렇게 말씀하셨다. "내가 떠나가는 것이 너희에게 유익이라 내가 떠나가지 아니하면 보혜사가 너희에게로 오시지 아니할 것이요 가면 내가 그를 너희에게로 보내리니 …… 그가 너희를 모든 진리 가운데로 인도하시리니"(요 16:7, 13).

진리의 영은 우리를 무지에서 해방하신다. 무지는 늘 우리를 속박한다. 무지할 때 우리는 엉뚱한 데서 수용을 구하고, 아득히 먼 데서 변화를 희망한다. 무지할 때 우리는 마치 내 힘으로 할 수 있다는 듯 새로운 세상을 위해 싸우고, 마치 내가 최종 재판관인 양 이웃을 판단한다. 무지할 때 우리는 세상의 미혹에 넘어가 많은 고통과 슬픔을 자초한다.

영적 삶은 진리의 영이신 하나님의 영이 우리를 해방하시는 삶이다. 성령으로 말미암아 우리는 세상 안에 있되 세상에 속하지 않을 수 있다. 엉뚱한 애착에 지배당하지 않고 자유로이 다닐 수 있다. 사람에게 거부당할까 봐 두려워하지 않고 기탄없이 말할 수 있다. 분쟁과 많은 슬픔에 둘러싸여서도 평안과 기쁨을 누릴 수 있다. 성령께서 제자들을 자유롭게 하셨기에 그들은 박해와 투옥과 죽음조차 무릅쓰고 멀리까지 다니며 담대히 하나님의 말씀을 전파했다. 동일한 성령이 우리에게도 자유를 주셔서, 죽음으로 치닫는 사회에서 새 생명의 증인으로 살게 하신다. 이 새 생명은 예수 그리스도 안에서 그분을 통해 우리에게 주어졌다.

영성 계발은 신학 교육에서 반드시 필요한 요소다. 영성 계발을 통해 삶이 준비될 때 우리는 무지의 소치인 온갖 강박과 욕구에서 해방된다. 그리하여 비로소 세상 어느 곳이든 내키지 않는 곳에까지 가서 자유로이 섬길 수 있다.

영성 계발의 결과인 자유로운 마음 덕분에 우리는 완악해진 세상의 한복판에서 하나님의 얼굴을 볼 뿐 아니라, 각자의 전공을 살려 그 얼굴을 어둠 속에 사는 모든 사람에게 보여 줄 수 있다.

3

'탈진'과 공동체

넘쳐 나는 임무들, '고독'은 사치인가

---

* 이 글은 '탈진'이라는 위험에 처한 기독교 공동체들에게 '고독'이 시급하다고 처방한다. 헨리 나우웬은 몇 가지 흔한 오해를 짚어 보면서 공동체의 건강한 리듬을 찾도록 지도한다. 본래 1978년에 〈워십〉(*Worship*)에 실렸다.

오늘날 공동체에 속한 사람들이 많이들 가지는 고민이 있다. '나를 위한 시간과 공간을 어떻게 낼 것인가?'

이는 거의 모든 종류의 공동체에서 생길 수 있는 고민이며, 다음 사실을 알면 더욱 거기에 공감이 간다. 지금 있는 많은 공동체는 현대 사회에 팽배한 여러 해악에 대한 인식이 깊어지면서 그에 대한 대응으로 출범했다. 그런 해악의 예로는 인종 차별, 빈민 압제, 핵무기 확산, 무고한 정치범이 처한 곤경 등이 있다.

이런 신종 공동체에는 뚜렷한 특징이 있다. 그들의 새로운 생활 방식은 가난하고 압제당하고 짓밟히는 무리를 섬기는 것과 직결된다. 그런데 섬길 대상에게 시급히 필요한 것들이 워낙 많다 보니, 공동체 식구들은 기도하거나 책을 읽거나 글을 쓰거나 그냥 혼자 있을 시간과 공간을 내기가 거의 불가능해 보인다. 그래서 이런 성격의 공동체에 몸담은 이들은 어떻게 해야 육체적, 정신적, 영적 고갈에서 벗어날 수 있을지 점차 의문이 든다. 그들이 조금이라도 고독을 찾아, 그 속에서 내면의 활력을 북돋고 새로운 관점에 눈뜨며 재충전하려면 어떻게 해야 할까?

공동생활이 이처럼 버겁다 보니 근래 들어 일부 구성원은 잠시, 혹은 꽤 오랫동안 공동체에서 손을 뗐고, 더러는 아예 그만두었다. 몇몇 공동체는 오랫동안 고생하고 허덕이다가 결국 더 이상 이어 가지 못하고 해체되었다. 그래서 지금부터 공동체 생활의 가장 중요한 문제 가운데 하나를 다루고자 한다.

'더불어 사는 삶에서 고독의 자리는 어디인가?'

이 질문은 종종 아주 구체적으로 표현된다. '방해받지 않고 한 시간만 책을 읽을 수는 없을까? 어떻게 하면 쇄도하는 요구와 부탁을 차단할 수 있을까?'

고독을 아쉬워하는 마음은 이런 익숙한 불평으로 터져 나오기도 한다. '여기는 늘 오만 가지 일이 많아서 도저히 따라잡을 수가 없어!'

이런 의문과 불평에서 특정한 갈망이 싹튼다. '단 하루만이라도 혼자 있는 게 내 간절한 꿈이지만, 이 많은 고통과 요구에 둘러싸여 더불어 살아가는 한 영영 불가능하겠지.' 이런 의문과 불평과 꿈이 한데 엉겨 있는 그 중심에 인간의 깊은 고독 욕구가 놓여 있다.

날이 갈수록 더 명백해지고 있거니와 공동체가 오래 살아남으려면 고독이 반드시 있어야 한다. 고독이 없으면 더불어 사는 삶은 실패할 수밖에 없다. 결혼과 우정과 소그룹 생활 등 어떤 형태의 공동체나 다 그렇지만, 특히 이것은 모든 '예언자적 공동체' 내지 '저항 공동체'(목소리를 내 여러 가지 불의를 지적하고, 거기에 항거하는 성격의 공동체-옮긴이)에 중요하다. 이런 공동체는 우리 사회 안에서 들려오는 아주 중요한 목소리들을 대변한다. 바로 그렇기 때문에 그들 자신부터 고독만이 줄 수 있는 양분과 돌봄을 받는 일이 한없이 중요하다.

이 글에서 나는 공동체 안에서의 고독에 대한 몇 가지 의견을 제시하려 한다. 일부 공동체가 이런 개념에서 새 힘을 얻어, 처음 공동체가 결성될 때의 비전에 계속 충실할 수 있기를 바란다. 이 의견은 공동체 안에서 사는 수많은 친구와의 토론에 기초한 것이며, 그들은 파괴적이고 종종 자살로 치닫는 세상의 추세에 깊은 우려를 품고 있다. 글을 쓰는 목적은 공동체들을 도와 '탈진하는 사례'가 되지 않게 하기 위해서다. 공동체가 탈진하면 영적 힘을 잃어 어지러운 세상에 희망을 줄 수 없다.

우선 공동체 속에서의 고독의 역할에 대한 두 가지 통념부터 살펴볼 텐데, 내 생각에 이 둘은 다 틀렸거나 적어도 너무 편협한 관점이다. 이어 더 긍정적 측면에서, 고독이 더불어 사는 삶에 반드시 필요하다는 점을 설명할 것이다. 공동체라는 위대한 소명을 받은 사람들 사이에서 이번 글을 계기로 이 주제에 관한 토론이 더욱 활성화되기를 바란다.

고독과 공동체는 서로가 필요하다

고독과 공동체를 대립시키는 그릇된 이분법

자기 몫의 시간과 공동체에 쓸 시간, 이 둘의 구분이 도처에 만연해 있다. 그렇게 구분하는 순간 우리는 개인의 관심사와 공동체의 관심사 사이에 싸움을 붙인 것이다. 일단 그렇게 선을 그으면 잘못된 선입견이 무수히 많이 생겨난다.

이제 모든 형태의 고독은 공동체의 권리에 맞서는 개인의 권리가 된다. 이 구분은 고독을 '사생활' 영역에 두어 '공동생활'과 대치시킨다. 이럴 때 고독은 나 자신으로 돌아가 내 일을 하면서, 내 삶에서 나만을 위한 부분에 집중하는 시간과 공간이다. 일단 이런 사고방식에 빠져들면 우리는 잘못되고 매우 위험한 이분법을 받아들인 것이며, 이는 우리의 생각과 감정과 행동에 심각한 악영향을 미칠 수 있다.

고독을 이렇게 보면 그 주된 역효과 중 하나로, 내가 자원해서 더불어 사는 사람들이 동시에 나의 라이벌로 느껴진다. 그들은 나의 가장 개인적인 관심사를 공유하지만 또한 나의 가장 소중한 프라이버시를 앗아 가려 든다. 그들은 내게 이상을 실현할 기회를 주지만 또한 내가 개인적으로 성장하는 것을 막는다. 그들은 나를 정성으로 돌보지만 또한 순전히 나만의 것인 내 일부까지 넘본다.

이런 이분법을 고수하는 이들은 고독이 프라이버시와 같으며 따라서 더불어 사는 삶과는 경쟁 관계라고 본다. 이 관점이 매혹적인 이유는 그 속에 아주 '세상적인' 사고방식을 감추고 있기 때문이다. 그래서 "프라이버시는 내 권리다", "자기 몫의 시간은 인간의 기본 욕구다"와 같은 주장이 부동의 진리로 부상한다. 이런 주장은 잘못된 관점에서 비롯되며, 거기서 많은 불필요한 고통이 생겨날 수 있다.

예컨대 그것은 죄책감을 조장할 수 있다. 고독을 갈망하는 일이 우리에게, 내가 더불어 살기로 약속한 대상들에게서 벗어나려는 갈망으로 경험되기 때문이다. 공부하거나 기도하거나 책을 읽거나 글을 쓸 시간을 원할 때면 죄책감이 든다. 침묵보다 더 급하고 중요한 일이 훨씬 많다고 생각하기 때문이다.

이 잘못된 관점은 또한 짜증을 일으킨다. 남들이 내 시간을 요구할 때 우리는 그것을 내 개인적 욕구에 대한 공격으로 해석한다. 그래서 겉으로는 응하면서도 속으로는 저항한다.

내면의 긴장과 불안도 바로 이런 관점 때문에 생겨나는 것이다. 어렵사리 내 시간과 공간을 냈어도, 그 유익을 제대로 누리기는 여전히 어려울 수 있다. 어서 같이 일하자는 다른 사람들의 요청이 마음에 걸려 우리 마음이 계속 초조하고 혼란스럽기 때문이다.

할 일이야 항상 있게 마련이다. 지체들에게 내가 필요한 줄을 뻔히 알면서 어떻게 나 혼자 평안을 누릴 수 있을까? 고독과 공동체를 가르는 그릇된 이분법은 죄책감, 짜증, 내면의 긴장, 불안 등 많은 고통을 낳을 수 있고, 그것은 다시 우리의 더불어 사는 삶에 심각한 해악을 끼칠 수 있다.

고독을 공동체를 위한 수단으로 전락시키다

두 번째로, 고독이란 더불어 사는 삶에 소용되는 도구에 불과하다는 관점이 있다. 내 생각에 이는 틀렸거나 적어도 너무 편협한 시각이다. 이제 고독은 공동체의 시간과 공간에 대비되는 개인의 시간과 공간은 아니지만, 그래도 공동체의 한 요소일 뿐이다. 고독이 공동체 식구들에게 유익한 까닭은 고독을 통해 그들이 재충전하고 회복하여 공동의 업무를 더 잘 감당할 수 있기 때문이다.

이 관점의 긍정적 측면은 고독이 프라이버시와 동일시되지 않고 공동체 생활과 더 긴밀히 연결된다는 점이다. 그러나 고독이 치유의 용도로 전락하는 것은 이런 시각의 부정적 측면이다. 여기서 고독은 더불어 사는 삶을 다시 충만하게 해 줄 뿐이다. 고독과 공동체가 더는 라이벌로 분리되어 있지 않으나, 그래도 거리가 있기는 마찬가지다. 다음과 같은 말에서 그 거리가 느껴진다. "다시 정신을 차리려면 정말 나 혼자 있는 시간이 좀 필요해요." "바쁜 일상생활에서 벗어나 다시 중심을 잡는 시간은 누구에게나 필요해요." 고독을 더불어 사는 삶을 위해 새 힘을 얻는 회복과 재창조와 통합의 자리로 간주하는 것이다.

물론 고독은 우리의 상한 자아를 치유해 줄 수 있고, 고독한 시간을 보내고 나면 정말 힘과 활력이 더해질 수도 있다. 그러나 이것을 고독의 주된 역할이라고 믿으면 여러 가지 착각에 빠지게 된다. 예를 들면 고독이 약자의 도피처라는 착각이다. "강자에게는 고독이 필요 없다. 고독을 구하는 이들은 상태가 좋지 못하므로 회복되어야 한다." 고독이 공동체 생활의 부차적 요소라는 착각도 있다. 고독은 목표를 위한 수단이 된다. "누구나 약해질 때가 있으니 우리도 다 고독이 필요하다. 하지만 정말 중요한 것은 더불어 살며 일하는 것이다."

가장 심각한 착각은 고독의 욕구가 일시적일 뿐이라는 것이다. "상황에 따라 가끔씩 갖는 고독은 유익하다. 특별히 스트레스를 받았거나 자극이 너무 많거나 마음이 너무 산만할 때는 그렇다. 그러나 평상시에는 고독이 더는 필요

없고, 모든 에너지를 공동의 시간에 쏟을 수 있다."

끊임없이 흘러드는 새로운 자극에서 벗어나 혼자 기도하거나 노는 시간은 흔히들 생각하기에 무슨 치료 장치와도 같다. 다시 전열을 가다듬는 수단에 불과하다. 고독을 이렇게 보는 관점은 고독을 프라이버시와 동일시하는 관점 못지않게 공동체 생활을 서서히 마비시켜, 결국 더불어 사는 삶의 가장 중요한 원동력을 말살한다. 짧은 기간 동안에만 더불어 산다면야 치료 기간의 고독으로 충분할지 모르지만, 공동체에 장기적으로 헌신한 이들에게는 가끔의 고독만으로는 부족하다.

그렇다면 고독과 공동체의 바른 관계는 무엇일까? 고독은 공동체의 공적인 공간에 맞서는 사적인 공간도 아니고, 단지 공동체 생활을 위해 자신을 회복하는 치유의 공간도 아니다. 고독과 공동체는 서로 맞물려 있다. 원의 중심과 원주처럼 서로가 필요하다. 공동체 없는 고독은 외로움과 절망을 낳고, 고독 없는 공동체는 본회퍼의 표현으로 우리를 "공허한 말과 감정"에 빠뜨린다.

지금부터 이 관점으로 더 자세히 들어가 고독을 '친밀

함', '명료성', '기도'와 각각 연결시키고자 한다. 이를 통해 고독과 공동체의 역동적 통합성을 더 잘 깨달을 수 있기를 바란다.

고독 속에서 친밀한 연합에 눈뜨다

고독이 공동체 생활에 반드시 필요한 까닭은 고독 속에서 우리가 서로 더 가까워지기 때문이다. 서로 직접 교류하는 자리에서 벗어나 혼자 기도하거나 공부하거나 책을 읽거나 글을 쓰거나 그냥 조용한 시간을 보낼 때도, 사실 우리는 공동체의 성장에 온전히 참여하는 것이다. 함께 대화하거나 놀거나 일할 때만 서로 더 가까워진다고 생각한다면 오산이다. 물론 그런 대인 교류를 통해 많은 성장이 이루어지지만, 고독 속에서도 그만큼의 성장이 가능하다.

우리의 고독 속에 상대방도 데려가기 때문에 거기서 관계가 자라고 깊어진다. 몸으로 함께 있을 때는 어렵거나 불가능한 방식으로 우리는 고독 속에서 서로를 발견한다. 거기서 깨닫는 상호 연대는 말이나 몸짓이나 행동에 의존하지 않으며, 우리 자신의 노력만으로는 이룰 수 없을 정도로 깊고 끈끈하다.

더불어 사는 삶의 기초를 물리적 근접성에 둔다면, 즉 꼭 함께 시간을 보내고 대화하고 먹고 예배할 수 있어야만 한다면, 공동체 생활은 금세 버겁고 피곤해진다. 이 모든 활동이 늘 열려 있고 자유로우려면, 그런 경험과 삶이 더 깊은 연합의 표출이어야만 한다. 진정한 공동체에는 고독이 필수다. 그리고 거기서 우리가 서로 더 가까워지는 이유는 거기서 연합의 근원을 만나기 때문이다.

그것을 이런 말로 표현할 수 있다. 고독 속에서 우리는 모든 연합 행위에 선행하는 연합 자체에 눈뜬다. 즉 우리는 함께 모이기 전부터 함께였고, 공동체 생활은 인간 의지의 산물이 아니라 우리가 연합되어 있다는 실재에 순종하는 반응이다. 고독이 더불어 사는 삶의 본질에 속함을 인정할 때마다, 우리는 인간끼리의 소통을 초월하는 하나님의 사랑을 믿는다고 고백하는 셈이다. 즉 우리가 서로 사랑함은 하나님이 먼저 우리를 사랑하셨기 때문이라는 고백이다(요일 4:19 참조).

고독이란 그 큰 사랑을 순순히 받으며, 인자하심이 영

원한 그분(시 118편 참조)의 안전한 품 안에서 안식한다는 뜻
이다. 너무 '신비롭거나 현실성 없게' 들릴 수 있지만, 사실
은 더없이 현실적인 말이다. 더불어 산 지 오래되어 서로의
사랑을 몇 번이고 시험한 사람들은 대개 알 듯이, 그들의
삶에서 결정적인 경험은 자신들의 힘으로 결속한 게 아니
라 하나님이 그들을 결속해 주셨다는 사실이다. 고독이란
이 다함없는 사랑으로 계속 되돌아가는 것이다. 그리고 바
로 거기서 공동체의 힘이 나온다.

그러려면 실제 공동체 생활에서 고독을 확보하고 시행
하는 일을 구성원 개개인에게 맡겨서는 안 된다. 구성원들
에게 "다들 각자 알아서 조금씩 고독을 찾으면 된다"라는
식으로 말한다면, 그 공동체는 실재와 동떨어져 있는 것이
다. 고독은 워낙 더불어 사는 삶의 중심인 만큼, 공동체가
책임지고 고독을 제도화해야 한다. 고독이 더는 날마다 각
자 결정할 사안이 아니라, 더불어 사는 삶의 일상 리듬이
되도록 말이다. 침묵하며 혼자 공부하고 기도하고 묵상하
는 시간도 함께 먹고 일하고 놀고 예배하는 시간만큼이나
공동체 모든 식구에게 똑같이 중요해야 한다.

온유와 애정과 평정심은 고독 속에서 길러지며, 서로

더 바짝 다가가거나 거리를 띄울 수 있는 내면의 자유도 마찬가지라고 나는 굳게 믿는다. 고독이 없으면 그때부터 우리는 서로에게 집착하고, 서로에 대해 어떻게 생각하고 느끼는지에 신경 쓰며, 종종 무의식중에 피곤하고 과민하게 서로를 분석한다. 하지만 고독 속에서는 하나님께 의존하는 법을 배운다. 그분이 사랑 가운데서 우리를 함께 부르셨고, 그분 안에 우리의 안식이 있으며, 그분을 통해 우리는 서로를 즐거워하며 신뢰할 수 있다. 서로에게 자신을 다 표현하지 못할 때조차 말이다.

고독이 없으면 조그만 갈등에도 금방 격해져 쓰라린 상처를 낳는다. 그러면 '대화로 푸는 일'도 부담스러운 의무가 된다. 일상생활이 너무 자의식에 찌들어서, 장기적으로 더불어 사는 게 사실상 불가능해진다. 그러나 고독을 실천하면, 서로 의심하다가 지독히 해로운 결과를 당할 일이 없다. 우리의 말과 행동을 통해 은근히 신뢰 관계의 증거를 요구하는 것이 아니라, 이미 존재하는 신뢰를 즐겁게 표출할 수 있다.

고독이 없으면 우리는 늘 기준에 넘치거나 모자람을 따지는 소모적인 의문에 시달린다. '아무개보다 이 사람이 나를 더 사랑할까? 오늘 우리의 사랑이 어제보다 작아진 건가?' 이런 의문은 분열과 긴장과 불안을 낳고 서로의 짜증을 돋운다. 고독을 실천하면 더는 이런 의문을 자꾸 품지 않아도 된다. 오히려 우리 모두를 초월하는 하나님 사랑의 각기 다른 현현으로 서로를 경험할 수 있다. 이렇듯 고독은 더불어 사는 삶에 필수다. 고독은 도피처도 아니고 단지 치유의 수단도 아니다. 고독은 어떤 특정한 말이나 몸짓보다도 더 친밀하게 우리가 함께 모이는 자리다.

고독, 명료함에 이르는 길

공동체에 고독이 필수라는 걸 표현하는 또 다른 방법은 고독을 명료함에 이르는 길로 보는 것이다. 고독 속에 있으면 시야가 더 명료해져, 털어놓아도 되는 부분과 함구해야 할 부분을 더 잘 구분할 수 있다. 머리와 가슴에 빽빽이 들어찬 것을 몽땅 서로 나누고 처리해야 한다는 개념을 우리는 고독에 힘입어 재평가할 수 있다.

우리가 사는 이 시대는 인간끼리의 표현에 거의 무한한

가치를 부여한다. 그 결과 우리는 많은 시간을 들여 자신과 서로에 대한 지극히 개인적인 생각과 감정을 탐색하곤 한다. 물론 서로 고백하고 용서하는 관계도 아주 소중하지만, 서로에게 자신을 온전히 소통하는 우리의 능력에 한계가 있음을 과소평가해서는 안 된다.

가장 내밀한 경험을 나눔으로써 안도와 평안을 얻으려다가 오히려 헤어나지 못할 외로움만 깊어진 사람이 많이 있다. 바라던 카타르시스는 없었고, 대신 실망과 심지어 원망이 싹텄다. 내 생각에 그 이유는 우리의 이런 착각 때문이다. 즉 고통과 기쁨을 무제한으로 표현함으로써 공동체 생활을 창출하거나 회복할 수 있는, 그런 정신력이 우리에게 있다는 착각이다. 하지만 이것이야말로 바보짓이다.

공동체는 인간의 창조물이 아니라 순종을 요구하는 선물, 곧 하나님의 선물이다. 이 순종에 많은 인내와 겸손, 많은 경청과 발언, 많은 지적과 성찰이 필요할 수 있으나, 그래도 항상 그분의 사랑에 순종으로 반응해야 한다. 사랑은 우리가 만들어 내는 것이 아니라, 하나님이 주시는 것이다.

그렇게 볼 때 고독은 아주 특별한 의미를 띤다. 고독 덕분에 우리는 서로를 이용하거나 혹사하거나 악용하지 않는다. 고독 속에서 자신의 가장 깊은 인간적 고뇌를 하나님께 내려놓고, 자신이 하나님께 받아들여진 존재임을 깨닫는다. 그 수용의 방식과 정도는 대인 교류의 한계를 초월한다.

고독 속에 들어가 자신의 모든 불안과 기쁨과 의심과 확신과 상처와 재능을 하나님께 내려놓을 때마다, 그 수용이 우리 안에 더 깊이 느껴지면서 우리를 인간끼리의 강박에서 해방한다. 이렇게 기본적으로 수용된 존재이기에 우리는 공동체 식구들에게 그들의 힘에 지나는 이해와 애정과 통찰과 돌봄을 기대하지 않는다. 오히려 공동체의 많은 선물을 즐거이 감사하며 받을 수 있다.

이렇듯 고독은 우리의 눈을 밝혀, 하나님의 무조건적인 사랑과 인간의 많은 선물을 명료하게 구분해서 보게 한다. 인간의 선물은 하나님의 사랑을 받는 통로일 뿐이다.

여기에 우리의 대인 관계에 미치는 아주 구체적인 의미가 함축되어 있다. 종종 우리 안에 긴장과 고민과 욕구가 가득해서 어떻게든 그것을 공동체에 표현하고 싶을 때면, 고민을 나누기 전에 얼마간 침묵의 시간을 갖는 게 매우 중요할 수 있다. 그 침묵 속에서 자신의 두려움을 전체적인 맥락에서 보고, 다른 사람들의 지원과 도움에 대한 기대를 현실적인 수준으로 조정할 수 있다. 웬만한 상담 시간도 잠시 함께 침묵으로 시작한다면 훨씬 더 유익하고 창의적이지 않을까 싶다.

고독의 한 요소인 침묵은 우리의 일상생활에서 큰 노력 없이도 만들 수 있다. 공동체 식구들에게 침묵은 먹고 일하고 놀고 기도하는 모든 활동의 일부가 되어야 한다. 그러면 서로의 말을 더 잘 경청하고 더 깊이 받아들일 수 있다. 침묵을 통해 우리의 활동 한가운데에 조금이나마 고독이 들어올 수 있고, 덕분에 우리는 우리를 공동체로 모이게 하신 주님을 늘 기억할 수 있다. 쉽게 접할 수 있는 고독인 침묵 덕분에 산만함과 혼란과 집착과 정서 불안에서 벗어나, 마음과 생각을 열어 두고 명료하게 유지할 수 있다.

공동체 생활 자체가 기도의 몸짓이 되다

고독이 공동체 생활의 중심을 차지한다 했는데, 이것을 보는 세 번째 방법은 기도의 관점에서 생각하는 것이다. 앞서 친밀함과 명료성을 논할 때도 이 관점을 쭉 전제했으나,

이제 그것을 전면에 내세우려 한다. 여기서 기도란 말로 드리는 기도라기보다 기도하는 마음으로 사는 삶을 가리킨다. 먹고 마시고 자고 깨고 일하고 기도하는 것을 다 하나님의 명예와 영광을 위해서 한다는 의미다.

고독을 실천하면 삶이 곧 기도가 된다. 공동체가 인간이 노력해서 이룩한 산물이 아니라고 자신과 서로에게 골백번씩 말할 수 있고, 우리의 더불어 사는 삶이 하나님에게서 났다고 자신과 서로에게 여러 방식으로 환기할 수 있지만, 고독이 없으면 그런 확신이 말로 그치기 쉽다. 고독 속에서 우리는 목표 지향의 다급한 행동에 초연해진다. 자신을 이해시키려는 많은 말을 버리고 빈손으로 하나님 앞에 선다.

고독 속에서 우리는 한동안 '쓸모없는' 존재가 되어, 공동체가 선물이고 우리가 거기에 감사로 반응해야 함을 머리로만 아니라 가슴으로 터득할 수 있다. 러시아 정교회 수사인 은둔자 테오판은 기도를 '머리를 가슴에 품고 하나님의 임재 안에 서는 것'이라 정의했다. 하나님을 아는 지식은 바로 고독 속에서 정말 머리에서 가슴으로 내려와 우리의 더불어 사는 삶의 구심점이 될 수 있다.

우리가 공동체인 이유는 서로 좋아한다든지 공동의 업무나 사업이 있어서가 아니라 하나님이 우리를 함께 부르셨기 때문인데, 이것을 머리로만 아니라 온 마음으로 인정하기란 결코 쉽지 않다. 우리를 하나로 묶는 끈은 심리적 유사성이나 사회적 환경이 아니라 하나님이다. 고독 속에서 우리는 이 기쁜 사실을 인정하고 경축한다. 이것이 기쁜 이유는 엉뚱한 고민과 불안에서 우리를 해방하기 때문이다. 대인 교류에 부질없이 집착하는 일에서 완전히 벗어나게 하기 때문이다.

정신과 의사 토머스 호라는 두 손바닥을 합해 기도하는 자세로 하늘을 가리키는 양손을 진정한 공동체의 상징으로 보았다. 그에 따르면 공동체란 우리 스스로 품거나 표현할 수 없는 더 큰 사랑에 함께 참여하는 것이다. 공동체의 기초를 대인 관계의 효용에 두면, 호라의 표현으로 우리는 깍지 낀 손처럼 되어 서로를 숨 막히게 하고 움직임의 자유를 잃는다.[1] 고독과 공동체가 떼려야 뗄 수 없는 관계인 것은 더불어 사는 삶의 가장 깊은 실재를 우리가 고독 속에서 인정하기 때문이며, 그 실재란 바로 공동체인 우리가 기도로 하나님을 가리키는 양손과 같다는 것이다. 공동체 생활 자체가 무엇보다도 기도의 몸짓이라고까지 말할 수 있다. 공동체는 사람들이 세상의 폭풍을 이겨 내려고 서로를 꼭 붙들 때 생겨나는 것이 아니라, 불안에 찌든 인간 가족의 한가운데에 '살아 있는 기도'를 함께 세울 때 생겨난다.

이 모두에 암시되어 있듯이 고독의 삶은 곧 믿음의 삶이다. 자아를 확인하려는 우리의 많은 행동을 수시로 내려놓고 하나님의 임재 안에서 '쓸모없는' 존재가 될 때, 우리는 내면의 두려움과 불안을 초월하는 것이다. 우리의 힘과 안전이 하나님의 사랑 안에 있다고 고백하는 것이다.

이런 관점에 몇 가지 구체적인 의미가 함축되어 있다. 함께 예배하는 것이 공동체 생활에 지극히 중요함에도 불구하고 기도 방식이 그것뿐이어서는 안 된다는 확신도 그 중 하나다. 공동체가 오래가려면 반드시 구성원들이 계속 서로에게 하나님과 단둘이 보내는 시간을 권면해야 한다. 공동체의 예배 생활이 함께 기도하는 시간에 온통 집중되어 있으면, 자칫 합심 기도의 고무적인 분위기에 지나치게 의존하기 쉽다. 함께 노래하고 침묵하고 기도하는 그 따뜻한 정감에 지나치게 기대하기 쉽다.

때로는 과감히 하나님 앞에 홀로 나아가 거기서 자신의

참된 정체성을 찾아야 한다. 그렇게 하는 것이 어렵고 고통스러울 수 있지만, 더불어 사는 삶에 정말 도움이 된다. 집을 떠받치는 기둥들이 서로 의존하지 않고 각자 기초가 따로 놓여 있어야 집이 더 튼튼한 법이다.

이 정도에서 고독과 공동체에 대한 나의 의견을 마무리하려 한다. 고독은 마땅히 공동체 생활의 중심을 차지해야 하는데, 실제로 그 자리를 고독에 내주기란 물론 쉽지 않다. 많은 요소가 우리를 반대쪽으로 잡아당기며, 특히 거의 만년 비상사태라는 절박감이 그렇다. 그러나 공동체가 특수 상황에 대처하는 응급조치가 아니라 삶의 방식임을 생각하면, 고독을 너무 오랫동안 놓쳐서는 안 된다.

예언자적 공동체에 고독이 없으면 목회 역량도 상실되어 머잖아 빛이 꺼져 버린다. 고독을 실천하는 공동체는 많은 폭풍도 견딜 수 있고, 시급히 뛰쳐나가 행동에 돌입할 일이 없을 때도 창의적으로 살아갈 수 있다. 고독 덕분에 공동체는 숨을 내쉬지만 않고 들이쉬기도 하여 건강한 리듬을 유지한다.

어떻게 하면 우리의 더불어 사는 삶에 고독을 더 온전히 통합할 수 있을까? 고독의 필수 역할을 이해하는 것이

요긴한 출발점일 것이다. 진정한 고독을 누리지 못하는 이유를 보면 고독의 중요성을 몰라서일 때가 많다. 고독을 도피처로 또는 공동체에서 물러나는 행위로 생각하는 편견을 떨치고, 고독이 공동체와 떼려야 뗄 수 없는 짝임을 깨달아야 한다. 그러면 우리 마음도 기꺼이 그 각성을 따라갈 것이다. 그럴 때 우리는 힘을 얻어, 우리를 도로 분열과 소외로 밀어내는 많은 세력에 맞설 수 있다.

그러므로 고독을 교육하는 것은 저항 공동체의 중요한 직무다. 덕분에 공동체는 본연의 모습을 되찾을 수 있고, 그럴수록 주요 임무에서도 더 빛을 발하게 된다. 고독이 제자리를 찾아갈 때 공동체는 우리 사회의 흰히 보이는 악에만 아니라, 우리 존재 깊숙이 뿌리내려 소속 공동체의 삶을 위협하는 악에도 저항할 수 있다.

4 。

'복음'과 공동체

가난함을
서로 나누는 자리에
기쁨과 복도 있다

* 1978년 〈가톨릭 워커〉에 실린 이 글에서 헨리 나우웬은 공동
  체를 찾고 이루려면 마음과 생각이 '그리스도의 길'로 근본적
  으로 변화해야 한다고 말한다.

경쟁이 심한 세상이다 보니 우리의 성격 중에서 돋보이는 부분이 도드라지게 마련이다. 날마다 쏟아져 나오는 수많은 광고는 해당 제품만의 남다르게 뛰어난 특징을 소개한다. 날마다 신문과 라디오와 텔레비전에서 보도하는 스포츠 기자들은 선수들의 출중한 실력을 실어 나른다. 연극이나 영화나 서커스를 보고 즐길 때도 우리는 금세 배우들의 출중한 연기에 집중한다.

이렇게 '출중함'outstanding에 치중하는 현상이 워낙 만연해 있다 보니, 우리는 자신의 정서와 감정과 기분이 거기에 얼마나 큰 영향을 입는지를 거의 모른다. 그러나 자신과 이웃들을 어떻게 인식하는지를 잠시 멈추어 생각해 보면 금방 알겠지만, 우리는 엄청난 에너지를 들여 자신을 다른 사람과 비교한다. 그리고 자신이 어떻게 특별하고 어느 부분에서 돋보일지에 신경을 쓴다.

대략 여섯 살 때까지는 누구나 삶을 단순히 있는 그대로 즐기며 환경에 자연스럽게 반응할 수 있다. 그러나 학교에 들어가면 '내가 반 친구들보다 더 잘하나 못하나?'라는 해로운 고민이 시작된다. 그때부터 우리는 자신의 성취에 대해 점수나 상이나 다른 특별한 보상을 얻으려고 애쓴다.

상황이 이렇다 보니 당연히 우리의 자아상과 자존감은 자신의 삶에서 다른 사람과 무엇이 다른지에 점점 더 의존하게 된다. 내가 남들보다 더 똑똑하거나 빠르거나 잘생겼거나 재주가 좋은지, 아니면 남들만 못한지를 따지는 것이다. 우리가 쓰는 어휘에도 어느새 비교 표현이 넘쳐난다. 삶이 이런 사고방식에 지배당할수록 우리는 이 사회의 심사관들에게 놀아나고, 차별화로 승부하려는 환상에 빠진다.

이렇게 출중함을 강조하면 공동체가 생겨날 수 없음은 자명한 이치다. 차이점을 고수하는 것이 관건이다 보니 우리는 행여 누가 나의 차이점을 앗아 가 나를 불행에 빠뜨리지나 않을지 늘 두려움 속에 살게 된다. 그래서 염려로 가득 찬 자신이 소유한 것에 집착한다. 재물로 남들을 따돌리고, 수완과 기술로 남들이 못하는 일을 하고, 통찰로 남들의 마음에 강한 인상을 새기고, 심지어 영적 체험으로 자신이 특별하다는 기분에 젖는다. 이제 배움이라는 영역조차도 사람들이 저마다 중요한 존재로 돋보이려 하는 전쟁터가 되었다.

인간의 실상 속으로 들어오신 분

복음은 이런 삶과 사고방식을 근본적으로 거부하고 물리친다. 이 중대한 소식에 따르면, 우리 자아 정체성의 근거를 다른 사람과의 차이점에 두면 우리는 경쟁과 폭력을 일삼는 사람이 되어, 강박적으로 차별성에 집착하고 무슨 수를 써서라도 그것을 옹호한다. 예수 그리스도께서 깨우쳐 주시듯이 우리의 참된 정체성은 각자의 특수성을 자랑하는 실존의 주변부에 있지 않고, 서로가 기본적으로 다 같은 인간으로서 형제자매이자 한 하나님의 자녀임을 깨닫는 실존의 중심부에 있다.

이것은 그리스도께서 이론으로만 진술하는 데 그치지

않고 그분이 직접 삶으로 보여 주신 실재다. 크고 신비로운 계시는 사실 예수 그리스도께서 하나님과 동등하신데도 그것을 취하지 않으시고 자신을 비워 우리처럼 되셨다는 것이다. 그분이 자신을 계시하신 방식은 우리와 달라지신 게 아니라 우리와 하나 되어 우리의 기쁨과 고통에 동참하시고 인간으로 죽으신 것이다. 우리로서는 다 이해하기가 매우 어렵지만, 그래도 하나님 사랑의 가장 깊은 이 신비를 늘 가까이하려 애써야 한다. 하나님이 우리에게 사랑을 표현하신 방식은 우리의 고통과 좌절과 역경을 없애 주신 게 아니라 인간의 실상 속으로 들어와 우리처럼 사신 것이다.

여기서 핵심은 이것이다. 하나님은 인간의 실상에 동참하심으로써 결코 하나님 이하로 격하되신 것이 아니라, 반대로 하나님이라는 존재가 우리에게 정말 어떤 의미인지를 계시해 주셨다. 친히 계시하셨듯이, 그분이 거리를 두지 않으시고 우리 인간의 고뇌 속으로 들어오신 것이야말로 그분의 속성의 본질에 속한다.

사도 바울도 하나님이 우리와 함께하시는 분임을 알았기에 빌립보서에 이렇게 말할 수 있었다. "아무 일에든지 다툼이나 허영으로 하지 말고 오직 겸손한 마음으로 각각

자기보다 남을 낮게 여기고 각각 자기 일을 돌볼뿐더러 또한 각각 다른 사람들의 일을 돌보아 …… 너희 안에 이 마음을 품으라 곧 그리스도 예수의 마음이니"(빌 2:3-5).

그러므로 그리스도인의 삶은 근본적 변화를 요한다. 우리의 정체성을 제각기 다르거나 다른 사람보다 출중한 부분에서 찾을 것이 아니라, 서로 같은 부분에서 찾아야 한다. 이는 결코 쉬운 일이 아니다. 여태 소중히 여기던 많은 환상을 버리고 우리 인간의 실상을 있는 그대로 직시해야 하기 때문이다. 현실적으로 말해서 우리는 깊은 두려움과 많은 의심과 정서 불안으로 가득 차 있기 때문에, 자신의 깨어진 실상을 직시하기에는 역부족이다. 그러나 다음 말도 똑같이 현실적이다. 예수 그리스도를 통해 가시화된 하나님의 사랑이 우리에게 새로운 정체성의 길을 열어 줄 수 있으며, 이 정체성의 기초는 각자의 차이점에 있지 않고 서로가 동일한 인간임을 십분 인식하는 데 있다.

인간 보편의 깨어진 모습과, 더불어 그래서 우리에게 치유가 필요하다는 사실을 인식할 수 있으려면 하나님의 무조건적인 사랑을 경험해야만 한다. 두려움에 젖어 있으면 겸손한 마음으로 자기보다 남을 낮게 여길 수 없다. 그러나 하나님의 무한한 사랑으로 말미암아 두려움에서 해방되면, 환상을 버리고 한껏 자유롭게 동일한 인간으로 살아갈 수 있다.

성인聖人들의 삶에서 가장 눈에 띄는 모습 가운데 하나는 하나님을 더 온전히 알아 갈수록 그들이 그만큼 더 인간다워졌다는 것이다. 삶에서 하나님의 사랑을 체험할수록 그들은 자신의 죄성과 깨어진 모습을 더 깨달았고, 그래서 자신이 남들과 조금도 다르지 않음을 역설했다. 이것은 피학성 성격이나 자학이나 거짓 겸손과는 무관하다. 오히려 인간의 깨어진 실상을 십분 인식할 때 우리의 참된 정체성이 본연의 자리에 닻을 내린다는 사실을 그들이 알고 표현한 것이다.

공동체 탄생의 신비

이 모두를 통해 분명히 알 수 있듯이, 복음에 합당하게 그리스도의 마음으로 살면 거기서 공동체가 탄생한다. 차이점에 기초한 삶은 우리를 서로 남이 되게 한다. 거기에 반해, 인간은 누구나 깨어졌다는 사실과, 그리하여 모두에게 치유가 필요하다는 사실에 기초한 삶은 우리를 서로 더 가까워지게 하여 마침내 공동체를 싹 틔운다. 공동체는 우리가 우리를 길동무 즉 같은 길을 가는 사람들로 보는 순간부터 가시화된다.

여기서 강조할 것이 있다. 공동체는 우리가 방어적 태도와 경쟁심을 버린 후에 만들어 내는 무엇이 아니다. 오히려 공동체는 우리가 서로를 참된 정체성에 합당하게 대우할 때 실현된다.

또 하나, 공동체의 개념을 너무 서둘러 제한하지 않는 것도 중요하다. 흔히 공동체 하면 한집에 함께 살거나 모종의 공동생활을 결성하는 사람들을 떠올린다. 그러나 교실도 공동체가 될 수 있다. 예배하러 모이는 사람들도 공동체를 이룰 수 있다. 서로 서신을 교환하는 사람들도 공동체일수 있다. 교사와 의료계 종사자 등 각종 분야의 직업인도다 공동체를 이룰 수 있다.

관건은 서로를 어떻게 대하느냐다. 인간은 서로를 위해 창조되었고, 베풀고 나누라고 살아 있다. 이 진리에 기초하여 행동하면 역시 공동체가 가시화된다. 무력한 두려움과 고립시키는 분열이 조금씩 사라지면, 공동체가 자연스럽고 당연하고 자명하게 그 모습을 드러낸다.

공동체 안에서 우리는 비로소 서로의 독특함에 눈뜬다. 공동체는 재능을 찾고 열매 맺는 곳이다. 여기 동질성과 독특성의 위대한 역설이 있다. 기본적으로 동일한 인간임을 인식하는 가운데 기꺼이 각자의 출중한 차이점을 버리고 서로 연약한 모습을 내보일 때, 비로소 개인의 재능이 드러날 수 있는 장이 열린다. 이때의 재능은 분열 대신 연합을 낳는 은사다.

깨어진 모습이 서로의 공통점이기에 우리의 은사는 서로를 위해 쓰일 수 있다. 기독교 공동체의 가장 주목할 만한 특징은 획일성을 조장하거나 개인의 은사를 억압하지 않는다는 것이다. 반대로 기독교 공동체는 서로를 자세히 눈여겨보아 숨은 재능을 발굴할 수 있는 환경을 조성한다. 물론 그런 재능은 공동체 생활을 세우는 데 쓰인다.

우리의 자아상은 각자의 차이점에 의존하지 않는다. 또한 자존감의 기초도 비범한 실력으로 얻어 내는 칭찬이 아니라 그보다 훨씬 깊은 사랑이다. 이 사실을 깨달을 때 비로소 자신의 독특한 재능이 다른 이들을 위한 은사로 보인다. 나아가 인간으로서 내 가치가 은사를 나눈다고 줄어드는 것이 아니라 오히려 격상되는 것을 깨닫는다.

공동체에서는 구성원 각자의 독특한 재능이 작은 돌조각과 같이 커다란 모자이크를 이룬다. 작은 금가루도 멋진 벽화의 일부가 되면 훨씬 더 소중해진다. 전체 그림에 꼭 필요한 일부가 되었기 때문이다. 이것을 분명히 알면 서로의 은사를 대하는 우리의 태도는 감사가 주를 이룬다. 서로의 아름다움을 더욱더 명료하게 보고 그것을 불러내 준다. 덕분에 그 아름다움이 우리의 더불어 사는 삶 전체의 일부가 된다. 인간성이라는 공통분모 위에서 과감히 협력하는 사람들을 통해 하나님의 사랑이 새롭게 가시화된다. 그렇게 동질성과 독특성이 공동체 안에서 둘 다 인정될 수 있다.

우리가 차별화로 승부하려는 환상을 갖고 있음을 인정하고, 이제는 동질성에 기초하여 모여야 한다. 실제로 이 동질성을 최대한 삶으로 연결시키려는 열망을 품어야 한다. 또 우리는 인간성을 철두철미하게, 즉 우리의 깨어진 모습과 하나님의 은혜로 치유받아야 할 필요성까지 다 경험해야 한다. 그러나 무엇보다 깨달아야 할 것은, 바로 이 동질성의 한가운데서 우리가 나누어야 할 은사와 서로에게 베풀 수 있는 재능을 발견한다는 것이다.

'평화 추구'와 공동체

'그리스도의
살아 있는 몸'만이
세상을 화평하게

* 이 글은 본래 1982년 유엔 총회의 군비 축소에 관한 제2특별회
  기를 맞아 헨리 나우웬이 뉴욕시에서 한 교회 예배 시간에 했
  던 설교다. 여기서 그는 평화 유지에 '기도'와 '저항'과 '공동체'
  가 중요하다고 말한다.

이것을 너희에게 이르는 것은 너희로 내 안에서 평안을

누리게 하려 함이라 세상에서는 너희가 환난을 당하나

담대하라 내가 세상을 이기었노라.

○ 요한복음 16장 33절

평화 유지 영성에 관한 몇 가지 의견을 형제자매들과
꼭 나누고 싶다. 지금부터 세 단어를 생각하기 바란다. 첫
번째 단어는 '기도', 두 번째 단어는 '저항', 세 번째 단어는
'공동체'다. 이 세 단어를 요한복음의 예수님 말씀에 비추어
생각해 보라. "너희로 내 안에서 평안(평화; 화평)peace, NIV을
누리게 하려 함이라"는 기도와 관계되고, "세상에서는 너희
가 환난을 당하나"는 저항의 원인이며, "담대하라 내가 세

상을 이기었노라"는 우리가 더불어 사는 공동체에서 경축하며 고백하고 싶은 내용이다. 평화를 추구하는 우리의 활동은 기도와 저항과 공동체를 통해 지탱될 수 있다.

기도, 평화를 지키는 출발점

우선 '기도'부터 살펴보자. 당신도 그런 적이 있는지 모르지만 최근에 내가 불현듯 절감한 사실이 있다. 내가 하는 많은 활동은 내 욕구에서 나오며, 그런 욕구는 대개 내 아득한 과거의 어딘가에 숨어 있는 아주 깊은 상처에 닿아 있다. 내게는 애정 욕구, 인정 욕구, 인기 욕구, 권력 욕구가 있다. 이런 욕구는 내 삶 어딘가에 깊이 뿌리 박혀 있다가 이를테면 남에게 거부당하는 순간에 터져 나온다. 정작 나를 거부하는 당사자는 아무것도 모를 수 있다.

문득 깨닫고 보니 내가 좋은 일을 많이 하고 다니는 것도 대개는 애정과 인정과 인기와 성공을 얻으려는 욕구의 표출이었다. 게다가 다른 많은 사람에서도 똑같은 욕구가 보였다. 그들도 그 욕구로 내게 반응했으므로 결국 욕구와 욕구가 서로 뒤섞였다. 평소 내가 '사역'이라 부르던 많은 관계와 일이 일종의 거래이자 끈질기게 매달리는 집착이었음을 서서히 깨달았다. 깨닫고 나서 솔직히 충격을 받았다.

하나님 나라의 이름으로 많은 생각과 활동을 하면서도 나는 사탄의 영역에 깊숙이 들어가 있었다. 사탄이 나를 감쪽같이 속이고 있었다. "이렇게 하라! 저렇게 하라! 그렇지 않으면 너는 사랑받지 못할 것이다." 알고 보니 내 행동이 욕구와 상처에서 비롯될 때면 나는 원치 않게 원망, 분노, 폭력, 탐욕 등 마귀의 열매에 동참했다. 그것을 내 안에서만 아니라 주변에서도 보면서, 많은 대립과 전쟁이 사실은 인간의 해결되지 않은 욕구와 맞물려 있음을 깨달았다. 그런 욕구는 우리의 정신에는 물론이고 조상 대대로 이어져온 역사 속에까지 워낙 깊숙이 박혀 있어, 우리는 그 피폐한 실재에서 헤어나기가 어렵다.

기도란 그 캄캄한 욕구의 자리에서 벗어나 그리스도의 빛 가운데로 들어가는 점진적 과정이다. 그 빛 덕분에 우리의 행동은 욕구와 두려움과 고통 대신 새로운 자유에서 비롯될 수 있다. 기도는 그 끈적거리고 습한 오염된 공기를 그만 들이마시고 하나님의 생기와 하나님의 대기를 호흡

하는 것이다. 우리는 그 생기로 창조되었고 그 생기 덕분에 "아바 아버지"라 부르짖을 수 있다. 기도하면 내면 깊은 곳에 이르러 그 새롭게 하시는 영을 만날 수 있고, 행동의 출처도 욕구와 상처가 아니라 우리 안에 들어온 새 생명으로 바뀐다. 그리고 그 열매는 아주 확실하다. 바로 기쁨, 평안, 자유, 온유, 애정, 돌봄, 참으로 창조적인 대인 관계다.

내가 형제자매들에게 이렇게 말하는 이유는 다음 사실을 깨닫는 일이 아주 중요하기 때문이다. 기도란 하나님의 영이 사시는 내면의 처소로 들어가는 것이며, 이런 의미의 기도야말로 평화를 지키는 출발점이다. 그러므로 평화 유지란 일차적으로 많은 일에 깊어 뛰어드는 게 아니라 우선 우리를 억압하는 모든 세력에 저항하는 것이고, 그 고요한 곳에 이르러 우리가 참으로 하나님 사랑의 현현임을 깨닫는 것이다. 아무리 사람들에게 주목을 받고 애정과 권력과 인기를 얻어도 그것이 곧 우리 자신은 아니다. 우리가 뭔가를 사랑하거나 행하거나 생각할 수 있기 오래전부터 그분이 우리를 사랑하셨다. 그래서 기도란 그 처음 사랑을 접하고 제대로 경험하는 것이다.

기도, '욕구가 낳은 집착'에 저항하는 행위

기도는 과연 저항 행위다. 욕구에서 비롯된 무섭고 집요한 집착에 저항하는 것이다. 우선 우리 안에 여태 깨닫지 못한 아주 강하고 깊은 사랑의 위력이 있음을 믿어야 한다. 그러므로 많은 일이 벌어지고 있고 불안과 분노와 혼란이 극심한 이때일수록, 당신이 과감히 거기에 저항하며 침묵속에 앉아 기다리고 경청하는 일이 한없이 중요하다.

내면에 주시는 하나님의 말씀을 들으라. 시편과 예언서와 복음서의 본문을 묵상하라. 말씀이 서서히 머리에서 가슴으로 내려오게 하라. 그러면 내면에 주시는 평안의 위력을 경험할 수 있다. 막상 나가서 활동할 때도, 그 활동은 당신의 사무친 욕구 때문이 아니라 당신이 느끼는 풍성한 사랑을 나누고 싶어서가 된다.

기도가 저항 행위임을 깨달으라. 그것은 자유에 이르는 행위다. 그래서 우리가 살펴볼 두 번째 단어는 '저항'이다. 나는 저항이야말로 모든 방식의 평화 유지에 반드시 필요하다는 데 조금의 의문도 없다. 당신도 그럴 것이다. 저항이란 모든 죽음의 세력을 단호히 거부하고 물리친다는 뜻이다. 죽음을 배격하는 것이 저항인데, 그 일이 너무도 힘들다. 집단 자살에 쓰일 수 있는 핵무기만 아니라 우리 삶 전반에 늘 만연해 있는 죽음까지도 거부하고 물리쳐야 하기 때문이다. 나만 하더라도 사진과 영화와 소설과 책 등 도처에서 날이 갈수록 더욱 섬뜩해지는 묘사를 접하곤 한다. 죽음과 어둠에 매료되는 현상이 보인다. 거기에 저항하는 건 기독교적이고 인간적인 중대사이면서도 힘든 일이다.

또 저항해야 할 대상 중에는 미묘해서 놓치기 쉬운 세력도 있다. "나는 그 사람이 싫어. 앞으로도 좋아하지 않을 거야. 어떤 부류인지 알거든"이라고 말하면, 그 순간 답이 다 정해져 버려서 생명 대신 죽음을 구하는 관계가 된다. "더는 믿지 않을 거야. 이 세상에 정말 달라질 것은 하나도 없어." "나도 볼 만큼 봤으니 이제 아무 말도 하지 마. 더 나은 미래 어쩌고 하는 말은 다 감상일 뿐이야. 더는 듣고 싶지 않아."

이것은 차가운 분노다. 뭔가가 거기에 꽉 끼어 있어 더는 움직이지 않는다. 그것이 죽음이다. 몇 시간이고 식탁에 모여 다른 모든 사람에 관해 불평만 늘어놓는 것도 마찬가지다. 우리는 시간 가는 줄 모르고 앉아서 마음속의 죽음을 가지고 놀 수 있다. 솔깃한 내용으로 떠드는 묘한 쾌감 때문이다. 선과 악을 내가 재단하니 마치 내게 운명을 통제할 권한이 있는 것처럼 느껴진다. 이것은 평화를 위한 일이 아니라 죽음의 일이다. 마귀가 우리 마음과 사회와 공동체 속에 벌이는 일이다.

우리는 매사가 아주 확실하기를 원하다 보니 불확실한 행복보다 차라리 확실한 불행을 좋아한다. 하지만 불평거리가 없어지면 그때는 어찌할 것인가? 끔찍한 영화가 없어서 화면에 벌어지는 온갖 아찔한 일 때문에 객석에서 떨 일도 없으면 어떻게 되겠는가? 우리를 괴롭히는 사람도 없고 맞서 싸울 원수도 없고 험담의 소재로 쓸 인물도 없으면 그때는 어찌할 것인가?

그 상황에서 우리는 불현듯 변화의 첫 낌새를 느낀다. 그런데 우리는 모든 것이 바뀌는 걸 원하지는 않는다. 우리는 무슨 일인지 내막을 알려 하고, 또 계속 통제하려 한다. 이건 이거고 저건 저거니 그대로 두자고 말하려 한다. 하지만 우리는 삶에 자신을 내어 맡겨야 하며, 정말 그렇게 믿는다면 당신도 나도 계속 변화를 수용해야 한다. 삶은 끊임없이 움직이고 항상 변한다. 변화는 우리의 기대를 꺾어 놓는다. 당신이 삶을 고정시키려 하면 삶은 죽어 버리고 꿈쩍도 하지 않게 된다.

그러니 뜻밖의 자리에서라도, 우리는 죽음의 세력이라면 보이는 족족 거부하고 물리쳐야 한다. 큰 것뿐 아니라 작은 것까지도 거부하고 물리치지 않는다면 당신은 화평하게 하는 자가 아니다. 그것은 평화 유지가 아니다.

저항은 '거부하고 물리치는 일'로 끝나지 않으며, 내 생각에는 오히려 '받아들이는 일'이 더 큰 부분을 차지한다. 가장 깊은 의미에서 저항이란, 하나님이 산 자의 하나님이요 생명의 하나님이심을 줄곧 선포한다는 뜻이다. 우리가 가장 먼저 하도록 부름받은 일은 생명의 하나님과 생명을 받아들이는 것이다. 분명히 말하거니와 물리치는 데 너무 몰두하면, 당신도 자신이 물리치는 그 세력에 물들 수 있기 때문이다. 평화를 유지하려고 너무 열심히 문제에 맞서 싸우면, 오히려 우리가 적의와 분노에 빠질 수 있다. 폭력에 맞서 싸우다가 우리가 원한과 독기와 폭력으로 치달을 수 있다. 그런 사람이 얼마든지 많이 있다.

아주 중요하게 깨달아야 할 것이 있는데, 누구든지 악을 직접 공격하면 늘 악에 오염되는 경향이 있다. 당신도 나도 경험으로 아는 바다. 문제에 뛰어들어 대항하다 보면 어느새 우리도 자신이 대항하는 그 세력만큼이나 어두워져 있다. 그래서 내 생각에 받아들이는 일이 먼저고 물리치는 일은 부차적 요소가 되어야 한다. 진정한 해방은 그 '받아들임'에서 오기 때문이다.

산 자의 하나님

기독교 메시지의 정수는 하나님이 산 자의 하나님이시라는 것이다. 바로 그분을 우리는 전파한다. 우리는 예수 그리스도가 부활하신 생명의 주이심을 전파한다. 이것은 추상적인 개념이 아니며, 우리에게 아주 구체적인 현실이 되어야 한다. 생명이 있는 모든 곳에서 우리는 담대히 생명을 긍정해야 한다. 생명을 즐거워하고 예찬하라.

어린아이가 태어날 때, 생명을 예찬하라. 죽음으로 치닫는 어두운 세상의 한가운데서 출생이야말로 가장 큰 신비 가운데 하나다. 어린아이는 계속 태어나고 또 태어난다. 우리는 그것이 평범한 일상사가 아니라 위대한 사건임을 알고 경축해야 한다. 두 친구가 서로 화해한다. 역시 위대한 사건임을 알고 기쁨과 감사로 경축해야 한다. 우리는 자연의 아름다움을 즐거워하거나 생명력 있는 예술 작품에 깊이 감동한다. 이 또한 부활하신 주님의 한 징후임을 인식하고 당연히 경축해야 한다. 당신이 어디를 가든, 일부러 생명을 식별하는 안목과 세심한 관찰력이 필요하다. 흑암의 세력인 악과 파멸과 어둠과 죽음의 틈바구니에서도 생명은 피어난다.

계속 생명을 찾으라. 살아 계신 그리스도의 증인은 어디든 생명이 있는 곳을 과감히 가리켜 보인다. 생명의 증거는 늘 연약함 속에 나타난다. 그것은 늘 작아서 마치 콘크리트 틈새에 피어나는 가녀린 꽃 같다. 늘 아주 귀하고 여리고 가냘프다. 우리는 그것을 보며 서로 말해야 한다. "오라. 이리 와 보라. 아직 보지 못했는가? 잘 보라. 아름답다. 함께 가자. 깊이 다른 사람을 사랑하는 사람을 안다. 당신도 만났으면 좋겠다. 당신이 이 사람의 친구가 되었으면 좋겠다. 어찌나 생명으로 충만한 사람인지 그저 같이 있기만 해도 모든 것의 의미가 달라진다. 오라. 와 보라!"

그러면 저항은 부담스럽고 칙칙한 작업이 아니라, 한

줄기 생명을 주는 운동이 된다. 그 어간에서 물리침은 자연스레 흘러나온다. 다시 말하지만 물리침과 받아들임의 이 저항은 정말 기도의 한 형태다. 당신도 그 연관성을 볼 수 있으면 좋겠다. 기도가 저항이듯 저항 또한 기도다. 저항이 기도인 까닭은 살아 계신 하나님을 선포하고 고백하는 행위이기 때문이다.

저항은 왜 생겨나는가? 무엇보다 하나님이 살아 계신 하나님이시기 때문이다. 두말할 것도 없다. 저항이 유익해서도 아니고, 잦은 성공의 이력 때문도 아니고, 효과가 좋아서도 아니다. 그것은 저항의 근원이 아니다. 당신이 물리침과 받아들임을 통해 저항하는 이유는 순전히 한 인간으로서 자신이 하나님의 임재 안에서 어떤 존재인지를 공표하고 싶어서다.

한 어린 소년이 예언자에게 물었다. "예언자님, 왜 늘 세상의 악을 지적하시나요? 그러신 지 아주 오래됐는데 아무 것도 달라지지 않잖아요. 왜 그러시나요?"

그러자 예언자는 "얘야, 세상을 변화시키려고 이러는 게 아니란다. 세상이 나를 변화시키지 못하게 막으려는 거지"라고 답했다. ……

저항하는 이유는 그것이 당신이라는 존재와 하나님이라는 존재의 일부이기 때문이다. 저항은 당신의 인간성을 가장 진정성 있게 표현하는 방식이다. 당신은 살아 있으므로 어디를 가든 그 생명을 증언하려 한다. 당신의 저항은 하나님의 형상대로 지음받은 자신의 인간성에 충실한 행위다.

그런 의미에서 저항은 기도다. 무용하기 때문이다. 보상이 없다. 그런 의미에서 저항은 예배다. 예배처럼 하나님 백성의 일이다. 당신과 내가 아주 중요하게 알아야 할 게 있다. 우리의 저항이 어떤 방식을 취하든 그것은 하나님을 찬양하고 살아 계신 주님을 증언하는 예배의 한 형태일 수 있다. 저항은 기도이고, 말하자면 거리의 예배 행위 또는 두 세계 사이의 예배 행위다. 저항을 그렇게 보면 당신은 결과에 연연하지 않는다. 그 나름대로 때가 되면 결실할 것을 믿는다.

기도와 저항이 공동체 안에서 만나다

마지막으로 언급할 것은 '공동체'다. 공동체는 기도와

저항의 장이다. 기도와 저항은 단지 개인의 숭고한 행위가 아니다. 이것도 내가 하고 저것도 내가 하는 것이 아니다. 기도와 저항은 공동체 안에서 서로 만난다. 기독교 공동체는 평화 유지가 눈으로 보이는 곳, 평화 자체가 실존하는 곳이다. 공동체는 단지 일을 더 잘하기 위한 수단이 아니라, 애초에 우리가 추구하는 것이 무엇인지를 보여 주는 실재다. 공동체는 함께 존재하고 더불어 살아가는 새로운 방식이다. 어둠을 가르는 번개처럼 거기서 평화가 가시화된다.

공동체는 끊임없는 자백과 용서의 장이다. 가정, 업무팀, 지역 교구 등 어떤 형태의 공동체든 마찬가지다. 우리가 서로에게 하고 또 하는 말이 있다. "보다시피 나는 약합니다. 또 그랬어요. 이전의 어두운 데로 다시 돌아갔어요. 옛날의 상처 때문에 또 이런 행동이 나왔습니다. 지난 일이 자꾸 생각나 확 부아가 치밀었어요." 그러면 공동체 안의 우리는 용기를 내서 대답한다. "괜찮아요. 다시 시작하면 됩니다."

세상에 아무렇게나 흩어져 있는 사람들과 기독교 공동체의 차이는 기독교 공동체의 사람들만 죄인이고 나머지는 그렇지 않은 것이 아니다. 그보다 기독교 공동체 사람들은 서로 약하고 부족한 모습을 고백하고 계속 용서하도록 부름받았다. 그래서 우리는 우리와 화목해지신 하나님의 끝없는 사랑과 용서를 증언한다. 약한 모습을 내보이며 자백하고 용서하지 않으면, 우리는 점점 더 방어 자세를 취하면서 서로 멀어진다. 그 분노와 원망 속에 파괴와 전쟁과 멸망의 씨앗이 도사리고 있다.

공동체는 서로 약한 모습으로 있는 곳이다. 그렇게 우리가 약점까지도 서로 나누면 이 세상에 사랑이 가시화된다. "서로 사랑하는 저 사람들을 보라." "그들이 어떻게 함께 일하는지를 보라." "화평은 가능하다. 내가 보았기 때문이다."

공동체는 세상에 저항이 싹트는 곳이기도 하다. 공동체가 저항의 발원지이기에 저항의 원인은 좌절이나 분노일 수 없다. 공동체라는 장에서 우리는 함께 기도하며 시대의 문제점을 세심히 진단하는 가운데 함께 목소리를 내고 행동에 나설 수 있다. 저항하는 이유는 내 좌절감을 기어이 떨치려는 사무친 욕구 때문이 아니다. 저항하는 이유는 하나님의 백성인 공동체가 나를 대표로 보내 주님의 이름으로 행동하게 하기 때문이다. ……

가장 중요한 마지막 요점으로 말을 마무리하려 한다. 공동체는 성만찬의 공동체가 되어야 한다. 감사의 공동체라는 뜻이다. 무엇을 행하고 말하고 생각하든 늘 감사하는 것이 그리스도인의 기본자세다. 감사가 체질화되어야 한다. 그것이 응집되어 표현되는 곳이 바로 성만찬 예식이다. 우리는 인간의 손으로 만든 빵과 포도주를 주님께 받들어 올리고, 하나님이신 주님은 그 선물을 온전히 받으신 후 우리에게 돌려주어 양분과 힘이 되게 하신다. 이 신비로운 교환이 이루어질 때 우리는 감사의 한복판에 들어서 있다.

세상에 나가서도 이 감사를 삶에서 매 순간 실천해야 한다. 하나님의 선물과 그분이 바라시는 평화를 생각하며 늘 고마운 마음으로 "감사합니다. 감사합니다"라고 고백할 수 있어야 한다. 삶은 우리가 정복하거나 소유하거나 지켜내거나 악착같이 붙잡아야 하는 재산이 아니다. 그런 것은 전쟁과 대립과 마침내 대학살로 이어지는 길일 뿐이다. 삶은 선물이다. 하나님이 거저 주시는 풍성한 선물.

이 선물을 어찌할 것인가? 나누고 거저 주고 아낌없이 베풀면 된다. 당신은 "아니, 나는 가진 것이 너무 적어요. 빵 다섯 개와 물고기 몇 마리뿐이라고요"라고 말할지 모른다. 그래도 나누어 주라! 그러면 금방 몇 배로 불어난다. 움켜쥐지 말고 베풀라. 움켜쥐면 점점 더 작아질 뿐이다. 그러나 그것이 하나님의 선물이자 복임을 믿고 거저 베풀면, 당신의 작은 빵 조각과 몇 마리 물고기가 배가한다.

당신의 지식과 애정과 친구를 마치 당신 혼자만의 재산인 양 움켜쥐지 말라. 나누어 주면 모든 사람에게 돌아갈 만큼 넉넉하다는 걸 알게 된다. 양식도 사랑도 지식도 애정도 넉넉하다. 거저 나누면 몇 배로 불어나 당신에게로 돌아온다. 그것이 성만찬의 삶이고 예수께서 말씀하시는 삶이다.

지금까지 기도와 저항과 공동체를 살펴보았다. 본문의 예수님 말씀을 읽으면서 이 세 단어를 다시 한 번 보자.

"이것을 너희에게 이르는 것은 너희로 내 안에서 평안〔평화; 화평〕을 누리게 하려 함이라." 평화는 우리 삶의 중심에 거하시는 그분 안에 있다.

"세상에서는 너희가 환난을 당하나." 그래도 우리는 세상에서 죽음을 물리치고 생명을 받아들임으로써 평화의 자리에서 환난에 대처한다.

"담대하라 내가 세상을 이기었노라." 그분이 이미 다 이루셨다. 우리는 어디에 가서 무엇을 하고 누구를 만나든,

이미 주어진 하나님의 선물을 감사의 마음으로 널리 외쳐 알릴 뿐이다. 아멘.

6 。

'깨어진 세상, 깨어진 자아'와 공동체

서로에게
부서진 흙이 될 때
거기서 생명이 움튼다

* 1987년 4월 토론토대학교 강당에서 가톨릭 청소년 봉사단에
게 했던 강연이다. 여기서 헨리 나우웬은 1986년 8월에 부르
심을 받고 라르쉬 데이브레이크 공동체에 들어간 이후로 인간
의 깨어진 모습, 외로움, 공동체에 관해 자신이 배운 교훈을 들
려준다.

우리는 깨어진 세상에 살고 있다. 굶주림과 질병과 폭력과 모욕 때문에 망가진 몸을 당신도 보았다. 죄책감과 수치심과 우울감 때문에 상한 얼굴도 보았다. 고뇌에 가득 찬 세상의 목소리도 들었다. 당신이 보고 들은 그 모든 것에서 이런 기도가 터져 나온다.

"아름다운 수레여, 내려오소서(열하 2:11 참조-편집자). 아름다운 자비여, 내려오소서. 아름다운 긍휼이여, 내려오소서. 아름다운 예수여, 내려오소서."

이게 다 무슨 의미일지 근래에 곰곰 생각해 보았다. 그러자 십자가에 다시 못 박히시는 그리스도가 맨 먼저 보였다.

오늘 우리가 사는 세상에서 예수님은 하나님이 창조하신 지구라는 십자가에 참으로 못 박히신다. 인류의 고생 속에서 우리는 세상이라는 십자가에 못 박히시는 예수님을 본다. 그분은 "나의 하나님, 나의 하나님, 어찌하여 나를 버리셨나이까"(마 27:46)라고 절규하신다. 그래서 문제는 "오 하나님, 왜 이 모든 고통이 존재하도록 허용하십니까?"가 아니다. 적어도 내게는 아니다. 내 질문은 이렇게 바뀌었다. "아름다운 예수여, 왜 이렇게 낮은 데로 내려와 우리처럼 되어 모든 고통 속에 들어오셨습니까? 왜 이렇게 낮게 내려와 이 모든 고통을 우리와 함께 당하셨습니까?"

답도 있다. 감사하게도 내게 들려오는 답은 이것이다. "사랑하는 형제자매여, 내가 낮은 데로 내려온 이유는 너를 두려움의 집에서 내 사랑의 집으로 인도하기 위해서다. 네가 그토록 두려워하는 건 내가 원하는 바가 아니다. 나는 네가 사랑하기를 원한다."

우리 안에 있는 두려움을 눈여겨본 적이 있는가? 우리는 자신의 내면에 생겨나는 긴장과 충동과 고뇌와 외로움을 두려워한다. 주변의 낯선 사람들을 겁내고 두려워한다.

우선 알아야 할 것이 있다. 깨어진 세상에서 접하는 그 많은 고뇌는 바로 우리 내면의 두려움에서 생겨난다. 우리는 정말 무엇이 두려운 걸까?

바로 죽음에 대한 두려움이다. 우리는 죽는 일이 못내 두렵다. 죽음과 각종 질병과 전쟁과 고문과 가난을 환기시키는 것들이 사방에 널려 있다. 그게 두려워 우리는 뒷걸음친다. 그리고 두려움이 더할수록 점점 더 자신을 해친다.

잘 알다시피 이 세상은 두려움을 중심으로 돌아간다. 그러나 예수님이 하시는 말씀은 완전히 다르다. 그분은 "두려워하지 말라"고 말씀하신다. 똑같은 말씀이 복음서 전체에 걸쳐 되풀이된다. 천사가 사가랴와 마리아에게 한 말도 그것이다. 예수님이 무덤 앞의 여인들과 호수 위의 제자들에게 하신 말씀도 그것이다. "안심하라 나니 두려워하지 말라"(마 14:27). 복음서 도처에서 그 음성이 들려온다. "형제자매여, 나니 두려워하지 말라." 당신은 두려움의 집에서 살아갈 필요가 없다.

당신에게 묻는다. "두려워하지 말라"고 말씀하시는 그 음성이 들리는가? 당신에게도 들리는가?

어떻게 하면 두려움의 집에서 나올 수 있을까? 답이 있을까? 복음서를 쓴 요한에게서 답을 들을 수 있다(요일 4:11 참조). 사랑에 관해 이렇게 말하는 대목이다. "하나님이 먼저 우리를 사랑하셨으니 우리도 서로 사랑하자." 요한은

"서로 문제를 해결해 주고 호감을 느끼도록 서로 사랑하자"라고 말하지 않고 "하나님께 먼저 사랑받았으니 서로 사랑하자"라고 말한다. 바로 이 처음 사랑 덕분에 우리는 두려움을 떨칠 수 있다. 당신은 사랑받는 존재다. 사랑을 받거나 줄 수 있기 오래전부터 당신은 이미 받아들여졌다. 이것이 복음의 위대한 소식이다. 당신은 전적으로 온전히 사랑받고 있다.

다른 사람들이 당신을 어떻게 말하고 생각하고 대하든 당신은 그런 존재가 아니다. 타인의 의견이나 애정이나 거부가 곧 당신은 아니다. 당신과 나의 정체성은 그런 것이 아니다. 하나님이 지으신 본연의 모습이 곧 당신이다. 당신은 그 처음 사랑 곧 하나님의 사랑의 열매다.

애정을 찾아 온 세상을 배회하는 한

어떻게 하면 하나님의 처음 사랑에 동참할 수 있을까? 내가 하려는 간단한 말을 잘 듣기 바란다. 처음 사랑의 음성을 들을 수 있는 곳을 고독이라 한다. 고독은 "두려워하지 말라. 내가 너를 사랑한다"라고 말씀하시는 음성을 귀 기울여 듣는 곳이다. 그 음성은 "누구 하나 너를 사랑하기 오래전부터 내가 너를 사랑했다"라고 말씀하신다. 그 고독 속으로 과감히 들어가야 한다. 그러면 혼자 있어도 외롭지 않다. 고독 속에서 하나님의 임재 안에 들어가면, 당신이 그토록 듣기 원하는 이 말씀을 그분이 당신 마음의 중심부에 들려주신다. "너는 사랑받는 존재다. 온전히 사랑받고 있다."

애정을 찾아 온 세상을 돌아다니는 한 당신은 그 음성을 들을 수 없다. 아예 들리지 않는다. 라틴어로 귀가 멀었다는 말은 '수르두스'surdus이고, 정도가 아주 심하면 '압수르두스'absúrdus가 된다. 부조리한absurd 삶이란 바로 "내가 너를 사랑한다"라고 말씀하시는 그 음성을 더는 듣지 않는 삶이다. 그래서 우리는 계속 돌아다니며 이렇게 묻는다. "나를 사랑하나요? 아닐까 봐 너무 두려워요."

반대로 고독 속으로 과감히 들어가면 이제 들린다. 라틴어로 듣는다는 말은 '아우디레'audire이고, 귀 기울여 경청하면 '옵 아우디레'ob audire가 된다. 고독이란 순종obedience의 삶, 그 사랑의 음성을 듣는 삶이다. 그러니 잠잠히 있으라.

당신은 더는 외롭지 않아도 된다. 외로움을 고독으로 전환하라. 당신 마음속의 고독의 터에서 서서히 소망의 비전이 자란다. 이게 가능한 이유는 당신에게 소망을 주시는 그 사랑의 음성을 고독 속에서 들을 수 있기 때문이다.

'두려움의 집'을 떠나 '사랑의 집'으로

고독 속에 머물기란 좀처럼 쉽지 않다. 고독 속에서 들리는 소리는 그 사랑의 음성 외에도 아주 많다. 이런 소리들이 들려온다. "이것을 하라." "저기로 가라." "너는 이것을 잊었다. 저것을 잊었다." 그래서 우리는 고독 속에서 그런 잡음에 압도될 때가 있다.

그러나 과감히 고독 속에 머물며 인내하면, 우리의 모든 불안을 뚫고 그 사랑의 음성이 차차 더 많이 들려온다. "나는 너를 사랑한다"라고 말씀하시는 그 음성을 듣다 보면, 이 동일한 음성이 모든 사람에게 똑같이 말씀하신다는 걸 깨닫게 된다.

고독 속에 열리는 공간은 아주 널찍해서 누구라도 다

들어올 수 있다. 고독의 자리에서 우리는 친구와 형제자매에게 다가가 그들을 반길 수 있다. 외로워서가 아니라 고독이 빚어내는 결과다.

우리가 공동체를 이룰 수 있는 이유는 공동체란 곧 고독이 고독을 반긴다는 뜻이기 때문이다. 나도 고독 속에서 내가 사랑받는 존재임을 깨달았고, 당신도 고독 속에서 당신이 사랑받는 존재임을 깨달았다. 그래서 내 고독이 당신의 고독을 반긴다. 이렇게 우리가 모여서 서로의 고독을 반기면, 거기서 새로운 가정과 집이 생겨난다. 이제 우리는 두려움의 집 대신 사랑의 집에서 살아간다. 그 집에는 다른 사람들을 맞이할 공간이 있다. 낯선 사람도 그 공간에 들어와 환영받고, 가난한 사람과 깨어진 사람도 환대받는다.

그래서 나는 고독이 빚어내는 공동체에 관해 말하고 싶다. 거기서 우리의 희망이 더 확고해지고 깊어질 수 있기 때문이다. 근래에 나는 어느 공동체에 들어갔다. 토론토 근처 리치몬드 힐에 있는 라르쉬 데이브레이크라는 공동체다. 나는 20년간 교단教壇에서 외로움을 끌어안고 고립을 고집하며 산 사람이라 아직 공동체가 무엇인지 많이는 모른다. 공동체의 새 식구로서 조금씩 배우는 중이다. 그 내용을 몇 가지 말하려 한다. 이 세상의 한가운데서 희망이 자랄 수 있는 곳은 공동체라고 믿기 때문이다.

우선 공동체는 친밀함의 장이다. 두려우면 친밀할 수 없다. 두려운 대상과는 친해질 수 없는 법이다. 상대가 무서우면 그에게 달라붙거나 그를 피해 달아나거나 둘 중 하나다. 그러나 진정한 친밀함은 달라붙지도 않고 달아나지도 않는다. 약하고 부족한 그대로 서로에게 충실하며 기꺼이 참으로 함께 있다.

전에도 나는 사랑과 우정을 많이 논했지만, 그때는 일단 집에 돌아오면 내 마음대로 하고 살아도 아무도 뭐라고 하지 않았다. 그런데 공동체에 사는 지금은 모두가 나를 훤히 안다. 공동체 식구들이 매 순간 나를 점검한다. 나를 의심해서는 아니고, 사실상 이런 말이나 같다. "헨리, 우리에게 말한 대로 당신도 그렇게 살고 있나요?"

내가 점차 배우고 있듯이 공동체는 친밀함의 장이다. 거기서는 계속 서로에게, 우리의 모든 이상에 부합하지 못하는 자신을 고백해야 하기 때문이다. 공동체에서는 계속 서로를 용서해야 한다. 공동체와 우정과 결혼의 아름다움, 더불어 사는 삶의 아름다움은 내가 "형제님, 미안합니다.

자매님, 미안해요. 당신의 기대에 못 미쳐서 미안합니다"라고 말할 때마다 상대가 "괜찮아요. 당신을 사랑합니다"라고 말한다는 것이다. 덕분에 친밀함이 깊어지고 더 단단해진다. 이렇듯 나는 공동체가 끊임없는 자백과 용서의 장임을 배운다.

끊임없는 자백과 용서를 통해 서로 더 가까워지면, 우리를 참으로 사랑하시는 하나님이 우리보다 크시다는 걸 알게 된다. 공동체의 자백과 용서를 통해 하나님의 처음 사랑을 접하게 된다. 우리에게 충실하신 하나님이 우리를 공동체로 결속하고 계심을 경험하게 된다.

공동체는 열매의 장이기도 하다. 열매. 이 아름다운 단어를 가슴에 새기기 바란다. 공동체에서 아주 중요한 단어다. 우리는 풍성한 열매를 맺을 수 있다. 우리 사회는 열매에 별로 관심이 없고 성과를 중시한다. 사회에서는 당신과 내가 영리를 목적으로 하는 물건을 만드는 데에만 관심이 있다. 우리는 많은 물건을 만드는 생산적인 사람이 되려한다. 그래서 이것도 하고 저것도 한다. 그게 충분히 쌓이면 아주 생산적인 사람이 된다.

공동체는 깨어진 사람들인 우리가 모여 연약한 모습으

로 열매를 맺는 곳이다. 깨어졌기에 열매가 맺힐 수 있다. 우리 데이브레이크 공동체에서는 요즘 텃밭으로 쓸 땅을 갈고 있다. 열매가 맺히려면 흙이 확 깨져야 한다. 잘게 부서져서 포슬포슬 부드러워야 한다. 그래야 식물이 자랄 수 있다. 흙이 딱딱하게 굳어 있으면 새싹이 나올 수 없다. 공동체도 마찬가지다. 우리가 서로에게 부서진 흙이 되면 거기서 새 생명이 움튼다. 이것이 친밀함의 아름다움이다. 두 사람이 완전히 연약한 모습으로 무방비 상태로 만나면, 거기서 새 생명이 태어난다. 이 생명은 그들의 사랑의 열매다.

늘 잊지 말아야 할 것이 있다. 공동체에서 우리는 연약한 모습으로 만난다. 약점도 솔직히 내보여야 한다. 깨어진 사람들이 모였으니 모두 아주 연약하다. 데이브레이크에서 내가 맡은 일은 애덤이라는 청년을 돌보는 것이다. 애덤은 말하거나 걸을 수가 없다. 혼자서는 옷을 입거나 벗지도 못한다. 삶의 모든 일에 일일이 도움을 받아야 한다. 스물다섯 살이지만 완전히 의존적인 존재다. 애덤은 연약해서 내 도움이 필요하다.

아침이면 나는 애덤을 목욕시키고 식사를 챙겨 준다.

128

모든 일에 시간이 오래 걸린다. 그러나 그를 알아 갈수록 그의 삶에 열매가 얼마나 풍성한지를 깨닫는다. 그는 나와 우리 모두를 고독으로 부른다. 동시에 자기 주위에 돌봄의 공동체를 만들어 낸다. 국적도 개성도 성격도 서로 다른 사람들이 연약하고 깨어진 애덤 주위에 모여 공동체를 이룬다. 애덤은 그들을 안다. 침묵 속에 함께 있으면 그가 무언중에 하는 말이 들려온다. "헨리, 진정하세요. 긴장을 풀고 속도를 늦추세요. 다 괜찮다는 걸 믿으세요." 말 한마디 없이도 그는 내게 그것을 알려 준다.

공동체는 또한 기쁨과 경축의 장이다. 이 또한 내가 배우고 있는 사실이다. 공동체에서는 함께 음식을 먹는 시간도 오래 걸린다. 속으로 '얼른 끝나야 내가 일을 하는데'라는 생각이 들지만, 먹는 행위도 함께하는 경축이므로 우리는 느긋하게 먹는다.

우리는 슬픈 순간도 기념하고 기쁜 순간도 기념한다. 생일 축하는 물론이다. 누가 와도 경축하고 누가 떠나도 경축한다. 슬픈 사람이 있으면 대화하고, 행복한 사람이 있으면 올려 드린다.

경축이란 그 순간을 올려 드리며 이렇게 고백하는 것

이기 때문이다. "하나님이 지금 여기에 계십니다. 이날은 주께서 지으신 날입니다. 이 순간을 우리는 하나님과 함께하는 시간으로 선포하며 환호하고 싶어요."

경축이란 하나님이 바로 지금 이 순간의 하나님이심을 인식한다는 뜻이다. 당신은 과거의 죄책감에 얽매이거나 미래를 지레 두려워할 필요가 없다. 지금 여기서 벌어지는 일에 진심으로 집중하면 된다. 그 일을 올려 드리며 기뻐하면 된다.

공동체라는 장에서 우리는 이렇게 말할 수 있다. "상처가 있을지라도 지금 여기서 뭔가 좋은 일이 벌어지고 있다. 고통스럽고 고뇌가 따를지라도 이것을 피해 달아나지는 말자."

그래서 예수님은 엠마오를 향해 가던 제자들에게 "너희는 인자가 고난을 받고 영광에 들어가야 할 것을 몰랐더냐?"라고 말씀하셨다. 고통의 순간 속에 작은 영광이 숨어 있음을 우리는 불현듯 깨닫는다. 그것을 올려 드리고 표현해야 한다.

물론 쉬운 일은 아니다. 이유인즉 우리가 정말 중요한 일은 내일이나 다음 주나 내년에, 또는 학업을 마치거나 취직하거나 더 나이가 들면 일어난다고 늘 생각하기 때문이다. 하지만 실제로 우리에게 필요한 모든 것은 늘 지금 여기에 있다.

사랑하는 친구여, 이렇듯 공동체는 친밀함의 장, 열매의 장, 경축의 장이다. 그래서 공동체는 당신과 우리 모두에게 희망의 비전이 싹트는 곳이다. 당신이 속한 공동체는 내가 속한 공동체와는 다르다. 하지만 교구든 가정이든 친구들 사이에서든 우리가 그리스도인으로 살아가도록 부름받은 곳이면 어디서나 당신도 나처럼 공동체를 이루도록 부름받았다. 그리스도인이기에 우리는 과감히 고독 속에 들어가 자신이 얼마나 사랑받는 존재인지를 깨닫는다. 그 고독을 바탕으로 공동체를 이룰 수 있고, 거기서 참으로 삶을 경축하며 이 세상에서 희망의 신호가 될 수 있다.

누가복음에서 내가 읽었던 한 본문으로 말을 마치려 한다. 예수님이 종말에 관해 말씀하시는 아주 아름다운 대목이다. 그분의 말씀대로 장차 나라가 나라를, 민족이 민족을 대적하겠고 환난과 전쟁이 있을 것이다. 그런데 예수님은 "친구여, 너희는 장차 올 이 모든 일을 능히 피하고 인자 앞에 서도록 항상 기도하라. 내 말을 명심하라"라고 당부하신다(눅 21:36 참조).

장차 벌어질 일에서 살아남아 인자 앞에 굳게 서도록 항상 기도하라. 바로 그것이 오늘 우리가 나눈 내용이다. 고독의 부르심은 항상 기도하라는 것이다. 공동체로서 함께 끝까지 굳게 서라는 부르심이기도 하다. 이 세상에 전쟁과 대립은 계속된다. 세상의 환난과 고통은 그냥 사라지지 않는다. 하지만 그것 때문에 우리가 망할 필요는 없다. 우리는 고독과 공동체 안에 더불어 살면서 항상 기도하고 함께 굳게 설 수 있다.

우리를 하나로 붙들어 주시는 인자 예수님을 바라보며 우리는 고개를 꼿꼿이 들고 당당히 설 수 있다. 그러면 돈, 독선, 대립, 독단 등 우리 문화의 모든 강박을 물리칠 수 있다. "그런 건 다 소용없습니다. 인간이 만든 진리에 그렇게 매달릴 필요가 없습니다"라는 고백이 가능해진다. 우리는 희망을 품을 수 있다. 새로운 마음을 받았기 때문이다. 더는 독하거나 굳은 마음이 아니라 부드러운 마음이다.

7

'소명'과 공동체

작고 미미해도,
십자가의 길로
담대히 움직일 때

* 온두라스의 라르쉬 공동체를 방문한 후에 헨리 나우웬은 오랜 제
   도적 불의에 시달려 온 중앙아메리카의 기독교 공동체들에게서
   현대 교회가 배울 수 있는 충실성과 연대에 천착했다. 중앙아메
   리카의 역사 및 당면한 정치 폭력을 다방면으로 고찰한 글인데,
   여기서는 그중 공동체와 관련된 부분만 발췌했다. 전문은 1987년
   에 나온 볼티모어성직자평신도협회(Clergy and Laity Concerned)
   의 간행물 〈CALC 리포트〉(CALC Report)에 실려 있다.

몇 달 전에 나는 단기간으로 온두라스에 다녀왔다. 중앙아메리카에는 전에도 몇 번 갔다. 그 지역의 혼란을 지속시키는 분쟁의 본질과 미국의 역할 등을 더 잘 파악하기 위해서였다. 그러나 이번 방문 목적은 단지 지적장애인 공동체 네트워크인 라르쉬 사람들의 피정^{retreat}(일상에서 잠시 벗어나 조용한 곳에서 묵상과 침묵기도 등을 통해 자신을 살피는 일-편집자)에 함께 참석하기 위해서였다. 정치가나 교회 지도자와의 만남은 전혀 없었고, 테구시갈파 근처 수야파에 있는 작은 라르쉬 공동체에서 얼마간 시간을 보낸 것이 전부였다.

거기서 라파엘을 만났다. 라파엘은 걷거나 말하거나 스스로 옷을 입거나 음식을 먹을 수 없는 중증장애인 청년이다. 머리칼은 검은색이고 살갗은 짙은 갈색이며 얼굴은 미

남이었다. 7년 전 테구시갈파의 어느 정신 병원에서 발견된 그는 나사렛의 집으로 옮겨져 온두라스 라르쉬의 1호 가족이 되었다. 그와 마주앉아 소통하려고 보니 이런 의문이 들었다. 말도 할 줄 모르고 완전히 의존적인 이 장애인 청년이 중앙아메리카의 분쟁과 그에 대한 그리스도인의 반응에 대해 내게 해 줄 말은 무엇일까? ……

몇 년 전에 나는 중앙아메리카 지역이 처한 일촉즉발 상황에 대한 대응으로 미국 국회에서 로비 활동을 펴는 한편, 범 교회를 상대로 미국의 국경 너머 남쪽에서 제2의 베트남전이 발발하지 못하도록 반대 운동에 나서 줄 것을 촉구했다. 그런데 라파엘과 함께 앉은 그 순간에는 그를 비롯한 장애인 가족들이 내게 어떤 대응을 요구할지 궁금했다. 그의 손을 잡고 앉아 있노라니 평소에 자주 들으면서도 충분히 이해하지 못했던 이 말씀이 새삼 뇌리에 떠올랐다.

난리와 소요의 소문을 들을 때에 두려워하지 말라 이 일이 먼저 있어야 하되 끝은 곧 되지 아니하리라 …… 그때에 사람들이 인자가 구름을 타고 능력과 큰 영광으로 오는 것을 보리라 이런 일이 되기를 시작하거든 일어나 머리를

들라 너희 속량이 가까웠느니라 …… 이러므로 너희는

장차 올 이 모든 일을 능히 피하고 인자 앞에 서도록 항상

기도하며 깨어 있으라 하시니라.

○ 누가복음 21장 9, 27-28, 36절

라파엘의 손을 꼭 쥐니 그의 무력함과 의존성이 느껴지
면서, "인자 앞에 서도록"이라는 예수님의 말씀이 내게 새
로운 의미로 다가왔다. 한없이 연약한 라파엘은 내게 주변
의 권세들과 통치자들에게 미혹되어 두려움과 공포에 빠
질 게 아니라, 속량 곧 해방이 가까웠음을 알고 주님의 임
재 안에서 영적으로 당당히 서라고 말하는 것 같았다. 그는
내게 로비나 강연 활동을 하지 말라고 말하지 않았다. 폭력
에 항거하지 말라거나 용감한 행위로 악의 세력을 폭로하
지 말라는 말도 없었다. 다만 십자가에 못 박힌 듯 상한 그
의 몸은 내게 결코 두려움에 굴하지 말고 끊임없이 기도하
라고, 산 자와 죽은 자를 심판하러 오실 주님을 사모하는
가운데 충실하게 행동하라고 당부했다.

그래서 내가 라파엘의 이름으로 하려는 말은 "끝까지
굳게 서자"이다. 그러려면 기도와 행동 둘 다 필요하다.

고난당하시는 그분과 긴밀하게 소통하며

"장차 올 이 모든 일을 능히 피하[도록] ······ 항상 기도하며"(눅 21:36). 이 말씀은 일단 우리가 우리를 둘러싼 그 어떤 소란과 혼란, 고통 속에서도 영적으로 살아남아야 함을 일깨워 준다. 온갖 유혹 때문에 우리는 생활의 염려에 패하여 망하기 쉽다. 두려움, 분노, 좌절, 조급증, 원한, 복수심, 원수를 미워하는 마음 등은 그런 유혹 가운데 일부에 불과하다. 항상 기도하라는 소명은 곧 고난당하시는 그리스도와 긴밀하게 소통하며 살라는 소명이다.

그리스도를 바라보지 않으면 주위의 고난이 우리를 삼켜 버릴 것이다. 기도하면 우리 마음이 늘 예수님의 마음과 연합되어 있으므로, 이 연합을 통해 가난한 이들을 보고 그들이 부르짖는 소리를 들을 수 있다. 그리고 그 결과 우리의 감정이 격해지는 것이 아니라 참된 긍휼이 싹튼다.

속속들이 예속된 빈민의 상태는 우리에게 그들과 연대하시는 살아 계신 그리스도를 보여 준다. 고난당하시는 그리스도는 압제와 조종과 고문에 시달리는 중앙아메리카 사람들 속에서 우리에게 자신을 계시하신다. 그분도 그들의 예속에 동참하여 짐을 함께 지시며, 해방되고자 몸부림치는 그들에게 자신의 생명을 내주신다.

내 생각에 우리가 영적으로 살아남으려면, 낮은 데로 임하시는 그리스도를 모든 피해자들 속에서 알아볼 수 있어야 한다. 그럴 때에야 비로소 우리는 그분의 마음과 이어진다. 그분은 하나님이신데도 권력의 자리를 취하지 않으시고 모든 권력을 비워 종의 형체를 가지셨다. 과연 우리는 능욕당하시는 그리스도를 똑바로 보고, 그분을 긍휼히 여기며, 그분의 많은 상처를 싸매 드릴 수 있을까? 그러려면 우리도 예수님처럼 기꺼이 낮은 데로 가 경쟁에서 긍휼로, 대립에서 용서로, 권력에서 무력함으로, 개인주의에서 공동체로 옮겨 가야만 한다.

중앙아메리카의 빈민 속에서 그리스도를 볼 수 있으려면, 그분이 우리 마음에 들어와 계셔야만 한다. 그런데 그분은 우리 마음 중에서도 연약한 자리에만 거하실 수 있다. 거기서만 우리는 낮은 데로 임하시는 그리스도와 연합할 수 있다. 야망과 권력에 지배당하며 높은 데를 지향하는 사회에서 이는 심히 어려운 일이다. 그러나 긍휼을 베풀고 낮은 자들을 돌볼 때조차 우리의 경쟁심과 교만한 마음을 버리지 못한다면, 우리는 결코 인자 앞에 설 수 없다.

이렇듯 종속되어 압제당하는 중앙아메리카 사람들은 살아 계신 그리스도를 대변하여 우리에게 촉구한다. 그들의 십자가를 떠맡기 전에 우리 자신의 십자가부터 지고 모든 것을 버리기까지 그분을 따르라고 말이다. 중앙아메리카 사람들의 고난에 그리스도인이 해야 할 첫째가는 중요한 대응은 기도다.

이 말은 그저 우리가 자신보다 뻔히 열악한 이들을 위해 기도해야 한다는 뜻이 아니다. 내가 말하는 기도란 우리의 힘없고 연약한 마음이 예수님의 고난당하시는 마음과 이어져서 우리 삶을 그분의 마음으로 살아간다는 뜻이다. 기도란 우리의 고뇌와 두려움과 죄책감과 분노를 인정하고 그것을 자신의 참된 십자가로 진다는 뜻이다. 그럴 때 비로소 우리는 중앙아메리카에서 고난당하시는 그리스도와 연대할 수 있다.

기도한다는 것은 중앙아메리카의 빈민이 걷는 그리스도의 낮은 길을 우리도 똑같이 걷는다는 뜻이다. 그럴 때 우리 내면 깊은 곳이 경험하는 진리가 있다. 정결하게 하시는 그리스도의 물속에 함께 잠기면, 국적이나 문화나 경제나 민족의 끈을 훨씬 뛰어넘는 차원에서 우리가 하나로 연합된다는 것이다.

우리의 정체성은 중앙아메리카의 압제당하는 빈민을 선심 쓰듯 도우려는 영적 강대국이 아니다. 그런 거짓된 정체성을 고집하며 그들에게 기독교적 봉사를 베풀려 드는 한, 우리는 지금 우리가 덜어 주려는 고난을 애초에 일으킨 정치·경제적 강대국들과 하등 다를 바가 없다. 먼저 우리는 기꺼이 새로운 연대를 가꾸어야 한다. 우리 사이에서부터 시작해서 결국 중앙아메리카의 형제자매와 함께하는 약자의 연대다. 그래야만 장차 올 모든 일에서 살아남아 인자 앞에 서는 일이 실제로 가능함을 믿을 수 있다.

수야파에서 라파엘의 손을 잡고 있는 동안, 한없이 연약한 그가 내게 들려준 말은 "우리 민족을 위해 이것저것을 해 주세요"가 아니었다. 내게 들려온 말은 "나만큼이나 연약한 당신의 그 부분을 예수님의 손길에 내드리세요. 그러면 우리 둘 다 그분께 속할 수 있습니다"였다.

그는 나를 문제마다 다 해결하려 드는 세상에서 불러내, 힘들지만 해방을 가져다주는 십자가의 길로 함께 가자고 초대했다. 그는 내게 예수님만큼이나 나도 세상에 속한 존재가 아님을 일깨워 주었고, 끊임없는 기도야말로 세상의 권력에 놀아나 인자 앞에서 패하지 않을 수 있는 단 하나의 확실한 길임을 깨우쳐 주었다.

사실 이런 말은 우리 귀에 잘 들어오지 않는다. 나만 하더라도 문제를 해결하고 제도를 뜯어고쳐 역사의 물줄기를 돌리고 싶은 마음이 굴뚝같다. 악의 세력에 맞서 승리를 쟁취하고 싶은 것이다. 라파엘의 길은 그런 내 취향과는 거리가 멀다. 하지만 그것이 하나님의 길이며, 따라서 참된 해방에 이르는 유일한 길이다.

아무리 너그러운 행동일지라도

"서도록 …… 깨어 있으라"(눅 21:36). 이 말씀은 우리를 기도로만 아니라 또한 행동으로 부른다. 이 말씀을 아주 명확히 보여 주는 말씀이 있다. 인자가 심판하러 오실 날을 예수님이 더 자세히 설명하시는 대목인데, 그날 그분은 모든 민족을 앞에 모으고 이렇게 물으실 것이다. "내 형제 중 지극히 작은 자를 위해 너는 무엇을 하였느냐?" '행위'가 중요하다. 우리가 심판받을 최종 기준도 바로 행위다.

오랜 세월 압제와 조종에 시달린 중앙아메리카 역사를 꼼꼼히 들여다보면, '중앙아메리카의 빈민을 위해 하는 행위'가 도대체 무슨 의미일지 선뜻 답이 나오지 않는다. 그동안 거대한 수렁으로 빠져드는 듯한 행동이 많았다. 수많은 사람이 많은 돈과 시간과 에너지를 들여 중앙아메리카의 빈민에게 양식과 의료와 교육을 제공했다. 평화와 화해를 위해 용감히 증언한 사람도 많고, 중앙아메리카의 해방 투쟁에 목숨을 바친 사람도 상당수에 달한다. 그런데 성공했다고 내세울 만한 것이 별로 없다. 의존과 빈곤이라는 전체 구도는 달라지지 않았고, 착취와 같은 악습도 사실상 여전하다. 폭력과 전쟁 위협은 우리의 양심이 처음 깨어나던 때와 똑같이 지금도 그대로다.

미국의 남쪽 국경에 인접한 나라들을 향한 미국 정부의 공식 태도가 향후에 근본적으로 달라질 가망성은 희박하다. 중앙아메리카 국가들의 정치와 경제에 직접 간섭하는 관행이 급격히 변한다든지, 인권 침해와 군사 개입이 눈에 띄게 감소한다든지, 수십 년 안에 빈민의 삶이 크게 향상된다든지 하는 기대는 현실성이 없다. 예수님이 언급하신 징

조는 앞으로도 계속될 것이다. 즉 나라가 나라를 대적하고, 곳곳에 기근이 발생하고, 박해당하여 옥에 갇히고, 사람들이 공포와 겁에 질려 쓰러질 것이다. 그러므로 우리에게 이것은 그런 데 미혹되지 말고 그 속에서도 끝까지 충실하라는 경고다.

그렇다면 이런 재난에 둘러싸인 그리스도인에게 행동 action이란 어떤 의미인가? 몇 가지 지침을 밝혀 보려 한다. 행동은 사랑에서 발원해야 한다. 아무리 너그러운 행동일지라도 두려움이나 분노나 죄책감이나 좌절감에서 나온다면 열매를 맺을 수 없다. 많은 이에게서 주목을 받고, 많은 감정을 자극하고, 많은 사람을 부추길 수는 있겠지만, 새 생명을 싹 틔울 옥토는 될 수 없다. 그리스도인의 행동의 출처는 세상의 논리를 초월한다. 그 출처는 우리가 참으로 속해 있는 곳이자 용서와 화해와 공동체와 긍휼의 자리다. 한마디로 말해서, 친구뿐만 아니라 원수도 사랑할 수 있는 세계다.

원수를 사랑하는 일이야말로 그리스도인의 행동의 진정성을 평가하는 최고의 기준일 것이다. 미국의 원수든 중앙아메리카의 원수든 원수를 참으로 사랑할 수 있을 때, 그것이 곧 우리가 하나님께 속한 자라는 확실한 표지이기 때문이다.

그분은 "그 해를 악인과 선인에게 비추시며 비를 의로운 자와 불의한 자에게 내려 주"시는 분이다(마 5:45). 세상에 속한 사람은 세상을 내 편과 적으로 가르지만, 하나님께 속한 사람이 보기에는 세상 모든 사람이 그분께 깊고 친밀하게 사랑받는 존재이며 따라서 참으로 형제자매다. 그러므로 우리의 모든 행위에는 하나님의 보편적 긍휼이 담겨 있어야 한다. 바로 그 자리에서 우리는 세상으로 보냄을 받아 행동에 나선다. 우리의 행동은 세상의 현실에 대한 반작용이 아니라 하나님의 성품에 대한 반응이다.

받는 것도 행동에 포함되어야 한다. 고난당하시며 우리를 변화로 부르시는 그리스도를 중앙아메리카 사람들 사이에서 바로 알아보려면, 그들에게서 고난당하시는 그리스도의 선물들을 우리가 기꺼이 받아야 한다. 이것이야말로 우리가 하는 행동의 핵심이다. 빈민을 해방하여 그들이 가진 선물을 베풀게 하기 때문이다.

수 세기에 걸쳐 중앙아메리카의 빈민에게 주입된 사고가 있다. 문화든 경제 지원이든 참된 종교든 그들은 온통 받을 것뿐이고 내줄 건 하나도 없다는 생각이다. 따라서 가장 시급한 행동은 이 압제 과정을 뒤집어, 빈민의 영적 보화를 그들과 함께 발굴하는 것이다.

아주 짧게라도 예수님의 정신으로 중앙아메리카에서 살아 본 사람이라면 누구나 인정하는 사실이 있다. 자신들이 줄 수 있는 것보다 받은 게 더 많다는 것이다. 대개 그들은 빈민이 베푸는 "사랑과 희락과 화평과 오래 참음과 자비와 양선과 충성과 온유와 절제"(갈 5:22-23) 등의 풍성한 영적 선물을 보면서, 오히려 자신들의 영적 빈곤을 절감했다. 그들이 깨달았듯이 그곳의 빈민은 엄청난 고난 한복판에서도 예수님의 깊은 만지심을 입어 기쁜 소식을 전하는 참된 메신저가 되었다.

중앙아메리카의 그리스도인들과 함께 지내노라면, 경쟁이 심한 속전속결의 우리 사회가 얼마나 두려움과 슬픔과 폭력과 조급증과 복수심과 악의와 거짓과 방종에 찌들어 있는지 깨달을 수 있다. 아울러 우리의 기독교 공동체들에서조차 그리스도의 정신은 소멸되고 그 자리를 세상의 정신이 차지할 때가 많다는 사실에 눈뜨게 된다.

장기간 남쪽의 빈민과 더불어 지내고 나서야 비로소 나

는 북아메리카의 동료 그리스도인들이 얼마나 침울하고 심각하고 죄책감에 시달리는지를 알게 되었다. 그때까지는 후자의 집단적 우울을 당연시했다. 그런데 전자는 가난 속에서도 하나님의 특별한 사랑을 깊이 깨달아 기쁨이 넘쳤고, 사랑과 애정을 아낌없이 표현했다.

꼭 필요한 행동이 있다면 그것은 중남아메리카 사람들을 운명론과 패배 의식과 낮은 자존감에서 해방하는 행동이다. 자신들의 고난이 낳은 풍성한 영적 열매를 누리고 선물로 올려 드리고 경축하고 나누도록 그들을 돕는 행동이다. 그들의 선물을 받는 일이 미덕인 까닭은, 그래야 주는 쪽에서 자신들도 내줄 것이 있음을 깨닫기 때문이다. 선물이란 상대가 고맙게 받을 때 그 진가를 발휘한다. 그래서 우리가 할 일은, 이런 선물을 받아서 드러낼 수 있는 새롭고 창의적인 길을 늘 모색하는 것이다. 이로써 우리는 인간을 해방하는 위대하고 즐거운 일에 동참한다.

행동은 공동체적 성격을 띠어야 한다. 중앙아메리카 사람들과 연대하는 행동은 그저 일부 관심 있는 그리스도인들이 주도하는 행동이 아니라 기독교계 전체가 하는 행동으로 받아들여져야 한다. 우리의 행동은 그리스도의 살아 있는 몸이 하는 행동이어야 한다. 즉 십자가에서 죽으시고 부활하신 주님과 연합하여 살아가는 사람들이 공동체로 움직여야 한다. 그래야 참으로 인자 앞에 설 수 있다. 우리의 행동이 전체 몸이 아닌 좌익이나 우익 분파의 사상을 표출하는 것처럼 세상에 인식되는 순간, 우리는 패할 수밖에 없다.

전체 교회가 교회답게 행동하여, 특별한 돌봄이 필요한 지체들에게 지원과 격려와 위로를 베풀어야 한다. 그러려면 많은 인내와 수고가 필요하지만, 장기적으로 그만큼 확실한 보상이 따른다.

이상은 "인자 앞에 서"기 위한(눅 21:36) 행동의 몇 가지 단면에 불과하다. 기도와 감사와 공동체가 하나 되어 움직일 때 우리의 행동은 비로소 중앙아메리카의 현실에 대한 진정한 그리스도인다운 반응이 될 수 있다. 이런 행동은 성공 여부가 아닌 열매로 판가름 난다. 행동의 동기는 영향력을 미칠 가망성이 아니라 진정성이고, 판단 기준은 결과가 아니라 의도다. 우리 그리스도인들이 인력 동원의 규모, 언론 보도량의 확보, 가시적인 결과 등에 신경 쓴다면 이는 과속 운전이며, 그 결과는 환멸과 탈진과 자멸이다.

중앙아메리카 사람들을 해방하는 길은 아주 느린 길이다. 지난 다섯 세기 동안 쌓여 온 죄를 한 세대 만에 없앨 수는 없다. 기독교 공동체가 던질 질문은 우리의 행동이 '효과를 낼 것이냐'가 아니다. '믿음의 눈으로 봤을 때 위기에 대한 충실한 반응이냐'는 것이다. 예수님은 세상의 눈으로 보기에는 실패자였고, 그분을 따른 사도 바울과 성 프란치스코와 도로시 데이도 마찬가지다.

그들은 죽을 때 자랑할 것이 아무것도 없었다. 그들의 일은 작고 미미했으며 번번이 쓸모없게 여겨졌다. 그러나 그들이야말로 이 땅의 소금이요 세상의 빛이다. 우리에게 희망을 주는 것은 그들이 당대의 문제를 해결한 것이 아니라, 그리스도인의 소명에 충실하여 문제에 대응했다는 점이다. 심판 날에 우리에게 들려올 질문은 "너는 중앙아메리카의 문제를 해결했느냐?"가 아니라 "너는 예수님의 정신으로 거기에 대응했느냐?"이다.

성 프란치스코는 당대의 문제를 하나도 해결하지 못했으나, 그가 문제에 맞서 보여 준 충실한 대응은 그가 죽은 지 오랜 세월이 흐른 지금도 여전히 희망의 등불이 되고 있다. 그의 행동은 성공하지는 못했지만 실제로 많은 열매를 맺었다. 엘살바도르의 오스카 로메로 대주교와 루틸리오 그란데 신부와 네 명의 여신도 등 정의와 평화를 위한 투쟁에 목숨을 바친 이름 없는 수많은 그리스도인의 행동도 마찬가지다. 우리도 똑같은 행동으로 부름받았다. 중요한 것은 우리 개개인과 공동체가 지금 인자 앞에 서 있느냐는 것이다.

라파엘이 속한 수야파의 작은 공동체는 아주 미약하다. 지적장애인 몇 명과 온두라스와 프랑스와 벨기에와 브라질과 미국에서 온 봉사자 몇 명이 있고, 테구시갈파에 속한 몇몇 가정이 사랑으로 후원한다. 많은 아이들이 건물을 드나든다. 미소가 넘치고, 식탁에 둘러앉아 그저 대화를 나누는 시간이 많고, 기도도 자주 한다. 방문객도 늘 있다.

거기서 머무는 동안 나는 무력한 사람들의 위력에 감동했다. 미군 기지와 반군 지원과 전쟁 위협에 대한 온갖 소란에 비하면, 이 작은 공동체는 거센 바다에 떠 있는 조그만 장미 꽃잎처럼 보였다. 그러나 탁자에 함께 둘러앉아 라파엘과 그의 새 가족들의 얼굴에 깃든 기쁨과 평화를 보노라니, 어디서도 느끼기 힘든 엄청난 사랑의 힘이 느껴졌다.

그러면서 이런 생각이 들었다. '세상이 망하지 않는 건 이런 알려지지 않은 미약한 공동체들 덕분이 아닐까? 사랑의 주님이 이 악한 세대에게 또 한 번 자비를 베푸시는 건 빈민 사이에 가득 찬 잔잔한 기쁨과 평화 때문이 아닐까? 긍휼이 풍성하신 아버지께서 인류를 구원하시려고 십자가에서 죽으신 아들을 알아보시는 것은, 세상 모든 라파엘의 깨어진 모습 속에서가 아닐까?'

세상은 멸망의 나락으로 빠르게 치닫고 있다. 그런 세상에 숨어 있는 이 작은 공동체를 보면서 내 안에 참희망이 솟아났다. 벌써 여러 해 동안 나는 중앙아메리카의 상황에 어떻게 대처해야 할지 고민하며 로비와 강연 활동에 힘썼고, 흐름을 바꾸어 보려고 세상에서 실세를 거머쥔 사람들을 설득도 해 보았다.

그런데 이 작은 공동체는 예수님의 시신을 십자가에서 거두고 무덤에까지 따라가 그곳을 지킨 여인들처럼 보였다. 그 행동은 말짱 헛수고처럼 아주 쓸데없어 보인다. 하지만 예수님의 찢기신 상처를 싸맨 뒤 시신을 수의로 싸서 무덤에 두고 그곳을 지키는 것, 이것이야말로 가장 위대한 믿음의 행위가 아닌가? 세상을 우리가 구원하도록 되어 있던가? 죽은 자를 살리고 평화를 이루고 하나님 나라를 세우는 일을 우리가 할 것인가? 아니, 그건 우리 소관이 아니다. 감히 하나님의 일을 가로채려 하면 우리는 자멸하고 만다.

라파엘의 상한 몸을 돌보고 그 말없는 얼굴을 가만히 어루만지며 그를 침대에 누이고 기도로 재우는 것, 어쩌면 이것이 부활하신 주님이 부활절 아침에 우리에게 나타나실 때 그분을 알아보기 위해 우리가 갖추어야 할 준비일 것이다. 세상은 계속 싸우고 억압하고 죽이고 부술 것이다. 그러나 우리와 함께 길을 가시는 그분의 음성을 듣고 그분의 얼굴을 볼 수 있는 사람들은 행복하다.

영웅이 아니라 순교자로 부름받았다

중앙아메리카의 현실에 기도와 행동으로 대응하자는 내 말은 그리스도인의 소명을 구체적으로 다시 확인한 것이나 같다. 우리의 소명은 세상 안에 있되 세상에 속하지 않는 것, 평화와 정의를 위해 힘쓰되 우리 정체성의 근원이신 그분을 결코 놓치지 않는 것, 참으로 살아 있는 상태에서 죽음의 권세를 거부하고 물리치는 것, 담대히 기도하면서 용감히 행동하는 것이다.

세상은 우리를 꾀어 미움과 폭력과 전쟁에 빠뜨리려 하지만, 우리는 끊임없는 기도를 통해 그리고 사랑과 감사와 공동체가 함께 이루어 가는 행동을 통해 끝까지 굳게 선다.

앞서 소개한 내용을 바탕으로 몇 가지 구체적인 적용을 제안하면서 글을 마칠까 한다. 라파엘을 비롯한 중앙아메리카의 많은 연약한 사람들의 이름으로 말하고자 한다.

고난당하시는 예수님을 늘 바라보라 그분은 "수고하고 무거운 짐 진 자들아 다 내게로 오라 내가 너희를 쉬게 하리라 나는 마음이 온유하고 겸손하니 …… 내게 배우라"라고 말씀하신다(마 11:28-29). 예수님의 마음을 떠나서 인류의 고뇌를 바라보는 한 우리는 우울이나 분노에 빠질 수밖에 없고, 그러면 마귀들과 싸우다 오히려 그자들에게 휘둘리고 만다.

고난당하시는 예수님을 늘 바라보려면 오랜 시간을 과감하게 고독 속에서 보내야 한다. 그곳은 물과 피가 흘러나온 예수님의 가슴과도 같고, 우리의 불안한 마음과 세상의 괴로운 마음이 하나로 합쳐지는 하나님의 태胎와도 같다. 거기서 우리는 세상이 줄 수 없는 평안과 기쁨을 얻을 수 있다.

저항과 구호 활동이 얼마나 필요한지 절실히 느낄수록, 그만큼 더 우리는 하나님과 단둘이 지내는 고독으로 그런 활동에 균형을 잡아 주어야 한다. 고독이 없으면 우리의 행동은 더는 신앙의 표현이 아니라, 마귀에게서 난 운명론을 이겨 내려는 들쭉날쭉한 시도로 전락하고 만다.

끊임없이 기도하라는 소명에 진지하게 임하려면 자주 조용한 자리로 물러나 거기서 하나님의 음성을 들어야 한다. 그분은 자신의 온전한 사랑으로 우리의 두려움을 내쫓으시며, 그 사랑을 어둠 속의 빛처럼 품고 세상에 들어가는 법을 알려 주신다.

사랑의 공동체를 이루라 사랑의 공동체란 서로 끊임없이 고백하고 용서하면서 하나님의 온전한 사랑을 눈으로 확인할 수 있는 공동체다. 중앙아메리카의 그리스도인들은 우리를 불러 교회의 참뜻을 깨닫게 한다. 우리가 중앙아메리카 사람들을 위해 하는 어떤 말이나 행동보다도 더 중요한 것은, 그들의 도움을 받아 우리부터 신앙 공동체의 아름다운 삶을 되찾는 것이다.

우리가 사는 성공 지향의 세상은 기독교적 공동체를 여러모로 배제해 왔다. 이제 주님이 결속해 주시는 약자의 연대라는 우리의 정체성을 되찾아야 할 때이며, 그러려면 고난당하는 이웃들의 도움이 필요하다. 공동체라는 안전한 장에서 우리는 대단한 존재가 되려는 환상을 버리고, 권력과 영향력에 대한 욕심을 벗고, 연약한 자아를 발견할 수 있다. 예수님은 굳이 우리의 연약한 자아 속에 거하신다. 중앙아메리카 사람들이 우리에게 주는 큰 도전은 교회, 하나님의 백성, 그리스도의 살아 있는 몸이라는 우리의 정체성을 발견하라는 것이다.

무슨 행동을 하라고 하시는지 자신의 독특한 부르심을 분별하라 고독 훈련을 통해 마음으로 예수님을 바라보는 가운데 공동체 훈련을 통해 약자의 참된 연대로 발전했다면, 이제 우리는 중앙아메리카 사람들을 향한 우리 개개인과 공동체의 특수한 책임을 충실하게 분별할 수 있다.

우리는 영웅이 되도록 부름받은 것이 아니라 순교자로 부름받았다. 영웅은 자신에게 이목을 집중시키지만 순교자는 하나님을 가리켜 보인다. 순교자는 자신에게 있는 모든 것과 목숨까지도 바쳐서 하나님의 사랑을 드러내는 증인이다. 그렇다면 우리의 증언은 어떤 독특한 형태를 띨까? 우리는 어떤 행동으로 부름받았을까?

헌금일까? 국회에서 벌이는 로비 활동일까? 중앙아메리카의 고난당하는 사람들과 더 깊이 연대하도록 교회 전반의 의식을 깨우는 것일까? 니카라과 국경에서 평화를 위해 증언하는 것일까? 엘살바도르와 과테말라와 온두라스와 니카라과와 코스타리카와 파나마의 정치 지도자와 교회 지도자를 찾아가는 것일까? 불법 입국자 보호 운동이나 다른 방법을 통해 난민과 협력하여 난민을 돕는 것일까? 폭력으로 부모를 잃은 아이를 입양하는 것일까? 비폭력 저항에 동참하여 편지를 쓰는 것일까?

이 모두일 수도 있고, 그중 일부일 수도 있고, 그 무엇도 아닐 수도 있다. 분별한 결과 각 행동이 참으로 우리 삶의 현실에 대한 믿음의 대응인지 아닌지에 달려 있다. 하나님이 나를 어떤 일로 부르시는지 고독 속에서 분별했고 공동체의 확증까지 받았다면, 이제 우리는 더는 자기 이름이 아니라 그리스도의 이름으로 제대로 행동할 수 있다. 이때의 행동에는 희망과 용기와 확신이 배어 있다.

그리스도의 이름으로 행동한다는 것은 언제나 그분의 몸 된 교회의 이름으로 행동한다는 뜻이다. 그리스도와 그분의 교회는 떼려야 뗄 수 없는 관계이기 때문이다. 이렇게 그리스도와 그분의 교회에 긴밀히 이어져 있기에, 우리의 가장 작은 행동조차도 하나님의 큰 해방 사역의 일부가 된다.

우리가 하는 일이 참으로 하나님과 하나님 백성의 더 큰일의 일부임을 알면, 거기에 우리의 전 존재를 쏟아부을 수 있다. 그러면 아이에게 냉수 한 잔을 건네든 친구를 위해 목숨을 버리든 우리의 모든 행위에 열매가 맺힌다. 그 모두가 믿음의 촘촘하고 튼튼한 망 안에 들어 있기 때문이다.

그러므로 늘 예수님을 바라보고, 신앙 공동체를 이루고, 무슨 행동을 하라고 하시는지 각자의 독특한 부르심을 분별하자. 그럴 때에만 우리는 장차 올 모든 일에서 살아남아 인자 앞에 설 수 있다. 라파엘을 비롯한 중앙아메리카의 모든 빈민이 우리의 길잡이가 되어 줄 것이다.

'하나님과의 교제'와 공동체

많은 사람과
부대끼는데도
외로움이 덮칠 때가 있다

* 1991년 2월 27일에 헨리 나우웬이 토론토대학교 신학대학원
  레지스칼리지에서 했던 강연이다. 이 강연에서 그는 자신이 하
  버드에서 라르쉬 데이브레이크로 옮긴 뒤로 하나님과의 교제
  의 한 표현으로서 공동체에 대한 자신의 이해와 실천이 어떻게
  깊어졌는지를 소개한다.

이때에 예수께서 기도하시러 산으로 가사 밤이 새도록

하나님께 기도하시고 밝으매 그 제자들을 부르사

그중에서 열둘을 택하여 사도라 칭하셨으니 곧

베드로라고도 이름을 주신 시몬과 그의 동생 안드레와

야고보와 요한과 빌립과 바돌로매와 마태와 도마와

알패오의 아들 야고보와 셀롯이라는 시몬과 야고보의

아들 유다와 예수를 파는 자 될 가룟 유다라.

○ 누가복음 6장 12-16절

하버드와 학계를 떠나 라르쉬로 온 나는 "네 힘으로 해
보라"고 말하는 지극히 개인주의적인 세상을 벗어났다. 나
는 바깥에 나가 많은 일을 하려 했다. 그러다 결국 그게 통

하지 않는다는 것과 내가 공동체 생활을 자원해야 한다는 것을 깨달았다. 그래서 라르쉬 데이브레이크로 왔더니 그곳 사람들은 내게 늘 이렇게 물었다.

"헨리, 기도하고 있나요?"

덕분에 내 삶은 점차 바른 질서를 되찾는 중이다. 질서에 도달하기까지 과정은 좌충우돌이었지만, 조금씩 알고 보니 우리는 하나님과 교제하며 살도록 그리고 그 교제를 바탕으로 공동체를 가꾸도록 부름받았다. 나아가 사역이란 사람들을 불러 하나님과 교제하게 한다는 뜻이다. 그래서 이 시간에 '교제'와 '공동체'와 '사역', 이 세 단어를 풀어 나가면서 내가 공동체 생활에서 배운 몇 가지 교훈을 나누려 한다.

하나님과의 교제에서 공동체를 거쳐 사역으로 나아가는 이 세 부분은 모두 매우 아름답고도 매우 고통스럽다. 누가복음 6장 본문에 보면 예수님은 밤새 하나님과 교제하셨고, 그 후에 제자들과 더불어 공동체를 이루셨는데 그중 하나는 나중에 배신자가 되었다. 이 공동체가 그분의 사역으로 이어졌고, 그렇게 그분은 사람들 사이에서 사역하시다가 결국 십자가까지 지신다.

우리도 하나님과의 교제, 공동체, 사역을 원하지만, 또한 거기서 큰 고통과 힘든 씨름을 경험한다. 내 생각에 당신과 나를 비롯한 인간은 그분과의 교제를 갈망하며 어떻게든 그것을 찾으려 한다.

'집'을 향한 갈구

우리는 어딘가에 소속되려 한다. 어딘가에 나의 '집'이 있다. 나를 잘 받아 주고 품어 주고 사랑해 줄 곳이 있다. 우리 라르쉬 공동체 사람들만 하더라도 하나님과의 교제, 안전한 곳, 연합의 안식처를 갈구한다. 바깥세상과 도시에서 내가 만나는 사람들도 마찬가지다. 모습은 사뭇 다를지라도 우리 모두는 자신의 깨어진 모습, 우리 삶의 깨어진 관계를 잘 알고 있을 것이다. 우리는 그분과의 교제와 치유와 회복을 끊임없이 갈망한다. 다시 연합하려 하고, 평안한 마음으로 쉴 수 있는 곳으로 돌아가려 한다.

하나님은 우리를 창조하실 때 그분과의 교제를 동경하는 마음을 주셨다. 낮이고 밤이고 우리가 하는 일은 다분히 그 교제를 얻으려는 시도다. 그렇게 관계를 회복하려 애쓰기 때문에 종종 다시 쓰라린 상처를 입고 낙담하기도 하는 것이다. 우리 몸은 친밀함과 안식처를 동경하고 우리 머리는 이해와 화해를 모색한다. 그리고 그 이면에는 사모하는 심령이 있다. 함께 이 교제에 대해 살펴보려는 지금, 당신도 기꺼이 그 사모하는 마음에 귀를 기울이기 바란다. 예수님은 우리에게 이 교제를 주러 오셨다. 하나님과의 교제가 무슨 의미인지 알려면 먼저 예수님을 보아야 한다. 잠시 예수님을 보라. 그분은 밤새 하나님과 교제하셨다.

그 밤의 예수님을 보기 바란다. 그분의 사역과 임재를 이해하려면 그 교제의 자리에서 출발해야 한다. 우리가 생각해야 할 예수님은 "너는 내 사랑하는 아들이요 내 기뻐하는 자라"라는 음성을 들으신 분이다(막 1:11; 눅 3:22 참조). 그분이 요단강에서 세례를 받고 나오실 때 그 음성이 들려왔다. 예수님은 하나님께 사랑받는 아들로서 하나님과 교제하며 사셨고, 바로 그런 존재로서 자신이 세상으로 보냄을 받으셨음을 아셨다.

예수님을 믿는다는 건 다음 사실을 믿는 것이다. 예수님 안에서 우리는 그분이 교제하며 사신 하나님을 만난다. 복음서에서 아주 분명히 볼 수 있듯이, "너희가 믿느냐?"believe라는 그분의 말씀은 사실 "너희가 신뢰하느냐?"trust라는 뜻이다. 예수님은 말씀하신다. "나를 보거나 만지거나 내 말을 들을 때 너희는 나를 보내신 분, 내가 교제하며 사는 그분의 말씀을 듣는 것이다. 내가 하는 말은 나 스스로 하는 게 아니라 아버지께서 내게 주신 대로 너희에게 말하는 것이다. 내가 하는 일도 나 혼자의 일이 아니라 아버지께서 나를 보내 그 일을 하게 하셨다. 내가 받는 영광도 아버지의 영광이다. 나는 나를 보내신 분과 온전히 교제하며 산다. 너희가 이것을 믿고 신뢰하느냐? 그것이 내 말과 행동과 일의 근원이요 출처다."

예수님은 밤을 맞아 산에 올라가 기도하신다. 하나님의 이런 음성을 들으셨다는 뜻이다. "너는 내 사랑하는 아들이요 내 기뻐하는 자다. 나는 늘 끊임없이 너와 교제하며 산다. 내 모든 사랑은 너를 통해 가시화된다. 그 사랑으로 나는 우주를 창조했다. 그 사랑이 육신이 되었다. 사랑과 말씀으로 너를 통해 세상을 지은 내가 이제 내 사랑의 온전한 표현으로 너를 세상으로 보낸다. 이제 내 충만한 사랑을 누구나 만지고 보고 들을 수 있다." 이렇듯 예수님은 산에 올라가 자신을 "사랑하는 아들"이라 부르시는 그 음성을 들으신다.

반드시 들어야 할 음성

예수님은 들으셨다. 듣는다는 뜻의 영어 단어 '리스닝'listening은 라틴어 단어 '아우디레'audire에서 유래했다. 귀 기울여 경청하면 '옵 아우디레'ob audire 즉 순종obedience이 된다. 예수님은 "너는 내 사랑하는 아들이라"라는 음성을 듣고 순종하신다.

예수님은 당신과 나도 하나님께 사랑받는 아들딸이 되기를 원하신다. 나 또한 바로 그 깨달음으로 당신을 초대하고 싶다. "내가 떠나가는 것이 너희에게 유익이라 가면 내가 내 영을 너희에게 보내리니"라는 예수님의 말씀은 이런 뜻이다(요 16:7 참조). "내가 떠나가는 것이 네게 유익하다. 가면 내가 내 교제를 너희에게 보내리니 이제 너희도 나처럼 그 교제 안에 살 수 있다. 진실로 그러하다. 내가 하나님의 아들이듯 너희도 똑같이 하나님의 자녀이기 때문이다. 나는 너희에게 그 교제를 주러 왔고, 바로 그 교제의 자리에서 너희를 세상으로 보내려 한다."

그러므로 산에서 밤새 기도한다는 것은 곧 당신을 "사랑하는 자"라 부르시는 음성을 계속 듣는다는 뜻이다. 하나님께 사랑받는 아들딸로서만 당신은 비로소 공동체 생활의 의미와 사역의 의미를 어렴풋이나마 알 수 있다. 물론 우리가 이미 다른 많은 일을 하고 있다는 것을 나도 안다. 하지만 때로 사역이라 부르는 우리의 일 때문에 오히려 우리가 그토록 갈망하는 그분과의 교제가 막히거나 밀려날 때가 너무나 많다.

예수님의 치유와 전파와 가르침의 참뜻을 알고 싶다면, 그분이 동트기 오래전 꼭두새벽에 하나님과 교제하시던 그 자리로 돌아가라. 그분은 한적한 곳으로 가서 기도하셨다. 그때 제자들이 와서 "다들 주님을 기다리고 있습니다"라고 아뢰자 그분은 이렇게 답하신다. "물론 우리는 가서 전파하고 알려야 한다. 하지만 내가 알리고 선포하는 메시지는 바로 이 교제의 자리에서 비롯되며, 내 치유의 능력도 마찬가지다."

내 마음과 머리의 욕구가 즉시 채워지리라?

하지만 그 말과 더불어 꼭 해야 할 다른 말도 있다. 하나님과의 교제는 밤에 이루어졌다. 때로 우리는 그분과의 교제가 내 마음과 머리의 욕구를 아주 흡족하게 채워 줄 줄로 생각한다. 그러나 예수님이 하나님과 교제하신 때가 밤중이었음을 알아야 한다.

하나님과의 교제는 꼭 즉시 또는 한꺼번에 이루어지지는 않는다. 사실 기도를 오래 할수록, 당신에게 주어지는 그분과의 교제가 당신의 작은 마음에 품은 감정과 작은 머리에 담긴 생각을 초월한다는 것을 깨닫게 된다. 당신은 바로 그렇게 교제하며 살도록 부름받았다. 우리와 교제하시는 하나님은 우리 머리와 마음보다 크신 분이다.

우리가 하나님과 교제하며 사는 이유도 바로 그래서다. 이 교제는 쉽게 실현되지 않으며 아주 힘든 훈련을 해야 한다. 그분과의 교제를 갈구하는 내 작은 마음은 조급하여 어떻게든 당장 기분이 더 좋아지기만을 원한다. 이 교제와 연대감이 못내 아쉬울 때면 나는 두 가지로 반응하기 쉽다. 기분이 좋아질 만한 장소로 가거나 기분을 좋게 해 줄 사람을 찾아가는 것이다. 하지만 둘 다 밤을, 즉 그분과의 진정한 교제가 이루어지는 장을 피하는 행위다. 그런 교제가 얼마나 힘든지 당신도 잘 안다.

하나님의 영은 당신의 마음 가장 깊은 곳에, 당신이라는 존재의 중심부에 거하신다. 바로 거기서 당신에게 교제의 영이 주어진다. 하지만 주변 세상의 목소리들은 "이리 가라. 저리 가라. 이것을 하라. 저것을 하라"며 당신을 온 사방에서 부른다. 그런 목소리에 귀를 기울이면 당신은 늘 산만해진다. '집'을 떠나 이방 땅으로 가 전부 탕진하고 싶어진다. 집에서 멀어질수록 당신도 비유 속의 탕자처럼 결국은 늘 돼지들과 함께 살게 된다.

공동체를 찾고 싶은데 자꾸만 집에서 더 멀어진다. 집에 남아 있거나 집에서 살기란 아주 힘들다. 그 일은 다분히 어두운 밤에 이루어지며, 예수님도 그 시간을 거치셨다. 그런 그분이 말씀하신다. "나는 너희가 나 있는 곳에 있기를 원한다. 나처럼 너희도 세상에 속하지 않고 하나님께 속해 있다. 내 집과 내 교제에 속해 있다. 바로 그 교제의 자리에서 나는 너희를 세상으로 보낸다."

하나님의 집, 하나님의 가족, 하나님의 교제에 속해 있는 자신을 잠시 생각해 보라. 모두가 하나인 그 자리에서 당신은 세상으로 보냄받아 공동체를 이루고 사역한다.

이것은 우리의 통상적 사고를 뒤집는 신학적 사고다.

'신학'이라는 단어는 본래 '하나님과의 연합'을 뜻했다. 신학을 뜻하는 라틴어 '테올로기아'theológia의 원뜻은 제3단계의 신비 기도인 하나님과의 교제다. 분명히 말하는데 하나님과 교제하면, 그 교제에 깊이 들어가는 정도만큼 당신도 공동체를 이루고 사역할 수밖에 없다. 그게 그분과의 교제가 낳는 자연스러운 결과다. 예수님이 하신 모든 말씀과 행위도 그 교제에서 흘러나왔다. 그분은 "너희가 모두 믿듯이 내 아버지는 결코 나를 혼자 두지 않으신다. 나와 아버지는 서로에게 속해 있다"라고 말씀하셨다.

　물론 나중에 "나의 하나님, 나의 하나님, 어찌하여 나를 버리셨나이까"라는 말씀도 하셨다(마 27:46; 막 15:34). 하지만 이때도 예수님은 하나님께 기도하시고 그분의 음성을 들으신다. 칠흑 같은 어둠 속에서도 교제하신 것이다. 십자가에서 우리에게 마지막으로 들려오는 말씀은 "내 영혼을 아버지 손에 부탁하나이다"이다(눅 23:46). 바로 그 교제를 우리에게 주려고 그분은 죽으셨다. 이 교제는 그분이 떠나신 후 하나님이 우리에게 주신 성령 안에서 마침내 우리 삶의 근원이 되었다.

　나는 안드레이 루블레프가 그린 삼위일체 성화를 가지

고 있다. 14세기 러시아에 큰 전쟁이 터지자 모스크바 외곽에 있는 큰 수도원에 살던 모든 수사는 아주 불안하고 초조하여 신경이 곤두섰다. 기도도 그만둔 채, 사방에서 자행되던 약탈을 염려했다. 점차 하나님과 멀어졌다. 그래서 수도원장은 수사 루블레프에게 그들을 '집'으로, 하나님과의 교제로 도로 불러들일 만한 성화를 그려 달라고 부탁했다.

어두운 세상이 그분과의 교제마저 방해하고 있었기에 수도원장은 "우리를 본연의 자리로 돌아오게 해 줄 성화를 그려 주시오"라고 말했다. 걸프전이 발발하던 날 텔레비전 뉴스를 보던 당신의 심정이 기억나는가? 그런 장면을 보면 마음이 우울해진다. 어느새 우리도 화면 속 사건의 공범이 되어 순식간에 마음이 거칠어진다. 그러는 사이 그분과의 교제를 잃는다. 그 단절이 문득 우리 안에 느껴진다. 그래서 수도원장은 루블레프에게 성화를 그려 달라고 했던 것이다. 그가 그린 성화는 바로 삼위일체 하나님의 교제였다.

그림의 구도는 우리가 정면에서 세 분의 교제를 바라보도록 되어 있다. 우리도 거기에 속하여 함께 있다. 우리도 성 삼위일체의 교제 속으로 들려 올라갈 수 있다. 이것은 단순히 삼위일체 그림이나 멋진 벽장식이 아니다. 당신도 그 안에 들어가 앞쪽에 앉아서 점차 속으로 이끌려야 한다. 그래야 그 자리에서 다시 세상으로 보냄받아 평화를 전하며 "더는 안 된다. 악과 어둠을 그치라"고 말할 수 있다. 꼭 이 교제의 자리에서 출발해야 하는 이유는 우리가 막으려는 전쟁과 폭력이 바로 그분과의 교제가 단절된 데에서 비롯되기 때문이다.

산에서 내려오신 예수님은 제자들을 불러 공동체를 이루셨다. 아주 흥미로운 사실이 있는데, 역사 속에서 누군가가 정말 하나님과 교제하며 살 때마다 그 사람 주위에 공동체가 생겨났다는 것이다. 아빌라의 테레사나 이냐시오 데 로욜라나 도로시 데이 같은 위인들은 다 공동체를 세웠다. 그들 주위에 공동체가 생겨났다는 표현이 더 맞을지도 모른다. 당신이 혹시 개인적으로 아는 다른 사람들, 기도의 사람들, 하나님과의 교제를 일차로 중시한 사람들도 마찬가지다.

하나님과 교제하는 삶은 공동체 안에서 가시화되고 가능해진다. 이전의 나는 기도와 공동체와 교제를 많이 거론하면서도 속으로는 나 자신이 그렇게 살지 못하는 것이 느껴졌다. 대학에서는 그 모두를 병행하기가 매우 힘들 수 있다. 공동체에 대해 강의하고 나서 집에 돌아가면 나 혼자였다. 겸손을 말해 놓고도 어느새 다들 나를 어떻게 생각할지에 신경이 쓰였다.

사람이 줄 수 있는 건 그분 사랑의 편린일 뿐

알고 보면 하나님과의 교제와 공동체는 서로 맞물려 있다. 정확히 어디서 어떻게 맞물리는지는 모른다. 내 기도가 더 깊어지고 친밀해지면서 비로소 깨달았지만, 내가 찾고 있던 것은 바로 하나님 안의 집이었다. 그런데 하나님 안의 집은 내가 어떻게 다른 사람들과 더불어 살아가느냐와 상관있다. 그래서 나는 결국 라르쉬로 왔다. 당신에게는 공동체의 의미가 나와는 사뭇 다를 수 있다. 가정이나 친구들이나 교구 사람들도 공동체일 수 있다. 물론 우리 라르쉬 데이브레이크처럼 더 공식적인 공동체도 있다.

우리에게 아주 힘든 부분은, 공동체 생활이 하나님과의 교제의 표출이어야 한다는 것이다. 내가 공동체나 관계 속에서 살아가는 방식을 보면, 이런 식으로 남에게 요구를 일삼을 때가 많다. "내 외로움을 해결해 주세요." "내 고뇌를 없애 주시기 바랍니다." "당신이 도와주셔야 내 몸과 영혼에 가득한 욕망을 이겨 낼 수 있습니다."

지금까지 살아오면서 나는 많은 과오를 범했다. 사람들을 찾아가서 하나님과의 교제를 바란 것이다. 나는 그것을 "공동체"라 불렀지만, 대개 내가 그들에게 정말 요구한 것은 그분과의 교제였다. 완성된 느낌, 안전한 기분이었다.

그런데 어느새 나는 사람들을 해치고 있었다. 인간의 사랑은 워낙 유한한지라 하나님과의 교제를 인간에게 요구하기 시작하면 결국 상대를 억지로 조종하게 된다. 당신이 워낙 이것저것 많이 바라기 때문이다. 그러다 보니 그분과의 교제를 찾으러 나갔다가 늘 얼마간은 실망해서 돌아온다.

하나님과의 교제에 목마른 수많은 사람에게서 고통이 보인다. 그들은 문득 깨어나 깊은 슬픔에 잠긴다. 하나님만이 주실 수 있는 교제를 인간에게 요구하고 다닐 때마다 안타깝게도 결과는 슬픔이다. 우울이 파도처럼 밀려온다. 아무리 간절히 찾고 싶어도 그런 교제의 부재가 절절히 느껴진다. 그런데도 우리는 '다시 해 보자. 이번에는 되겠지'라며 늘 희망을 품고 산다. 우리가 사는 세상도 공동체에 대한 우리의 갈망을 조종한다. 마음 깊은 갈망을 기어이 채우려면 이렇게 또는 저렇게 해야 한다고 자꾸 부추긴다.

이것이야말로 세상이 보내는 솔깃한 유혹이다. "이것도 해 보고 저것도 해 보라. 그러면 네가 찾던 것을 마침내 얻으리라." 그래서 그대로 해 보지만 외로움만 더 깊어질 뿐이다. 우리가 원하는 사랑을 하나님만이 주실 수 있기 때문이다. 사랑을 바라는 우리 안의 갈망을 애초에 그분이 지으셨다. 그러므로 그 빈자리를 채우려고 인간이나 환경에 매달릴 때마다 어느새 나는 치유를 낳기보다 오히려 해를 끼치고 있다.

그래서 이 말을 꼭 하고 싶다. 우선 당신은 하나님과 교제해야 한다. 자신이 조건 없이 사랑받는 존재임을 신뢰해야 한다. 그토록 소원하는 교제가 자신에게 이미 주어졌음을 알아야 한다. 그래야 공동체에 들어가 다른 사람들과 더불어 살 수 있다. 그들은 당신에게 사랑과 애정과 돌봄을 베풀 수 있고, 당신은 감사하며 그것을 하나님의 처음 사랑의 징후이자 반사체로 받을 수 있다.

라르쉬에 와서 경험한 것이 있다. 나를 알지도 못하고 자신을 표현하는 능력도 극히 제한된 사람들이 불쑥 내게 사랑을 알게 했는데, 그 사랑은 인간의 손길이 내게 닿기 오래전부터 이미 존재했다. 그들 덕분에 나는 내게 교제를 베푸시는 그분의 처음 사랑을 접했다. 그분은 "내가 영원한 사랑으로 너를 사랑한다. 영원 전부터 너를 보고 내 손안에 품었다. 너는 내 사랑하는 아들이다"라고 말씀하신다. 이 사랑을 접하는 그 순간부터 놀랍게도 나는 공동체에 들어갈 수 있었다. 나는 다른 사람들이 내게 많은 걸 확증해 줄 수 있음을 깨달았다. 그들은 극히 제한되고 연약한 모습으로나마 그분의 처음 사랑을 확증해 주었다.

마침내 나는 똑같은 보답을 바라지 않고도 사랑할 수 있다. 꼭 똑같이 되돌려 받지 않아도 베풀 수 있다. 항상 함께 살기가 마냥 쉽지 않은 사람들 사이에서 이제 나는 조금 더 자유로울 수 있다. 그들이 하나님이 아닌 걸 그대로 용서할 수 있고, 내 모든 욕구를 채워 주지 못하는 것도 용서할 수 있다. 그들이 내게 베푸는 게 하나님의 처음 사랑의 일면일 뿐임을 알기 때문이다.

물론 나는 종종 그분의 사랑만으로 어둠을 통과해야 하며, 또 내 기도가 공허하고 무미건조하게 느껴질 때도 있다. 하지만 사람들과 부대끼며 점차 깨닫는 것이 있다. 그들이 내게 베풀고 말하고 행하는 것은 다 내가 알고 믿는 그분의 사랑의 편린에 불과하다는 것이다.

그래서 공동체는 늘 감사의 삶이다. 사람들의 선(善)이 고마워서 이런 말로 감사를 표하는 생활 방식이다. "당신은 선합니다. 하나님의 처음 사랑의 일면을 내게 보여 주시니 감사합니다. 당신 덕분에 나는 그 사랑을 접합니다. 그래서 우리는 서로에게 필요한 존재입니다."

기독교 공동체는 그 처음 사랑을 다른 걸로 대체하지 않고 오히려 늘 서로에게 환기시켜 주는 공동체다.

결혼이란 두 사람이 결합하되, 자신들을 에워싼 더 큰 사랑을 늘 서로에게 가리켜 보이는 관계다. 둘 중 어느 쪽도 혼자서는 그 사랑을 품을 수 없다. 우정도 마찬가지다. 두 사람이 깊은 우정으로 서로 사랑할 수 있음은 서로의 도움으로 그분의 더 큰 사랑을 재확인할 수 있기 때문이다. 그 사랑은 우리의 이해를 초월하며, 다만 우리가 믿고 신뢰할 수 있을 뿐이다.

공동체에 관해 더 나누고 싶은 내용이 있다. 공동체는 한편으로 하나님과의 교제의 표출이지만, 동시에 불가항력적으로 나를 다시 그 교제로 돌려보낸다. 평생 하나님과의 교제를 가꾸어야 할 필요성을 통감하게 만든다. 공동체는 마침내 당신이 자신의 깨어진 실상을 접하는 곳이다. 라르쉬와 관련해 이 말도 꼭 하고 싶다. 한편으로 나는 거기서 '집'을 만났다. 나를 진정으로 사랑하는 친구들을 만났고, 나 또한 그들을 사랑할 수 있다. 여기까지는 아름답다. 하지만 동시에 공동체는 끔찍한 곳이 될 수도 있다!

우리 공동체의 어떤 사람은 그것을 "나는 여기가 참 좋고도 싫다"라는 말로 표현했다. 정말 그렇다. 공동체나 우정이나 친밀한 관계 속에 들어가면, 하필 그때부터 으레 자신의 깨어진 모습을 더 깊이 대면하게 된다. 더 깊은 상처가 드러난다. 공동체는 당신의 더 깊은 고통을 들추어낼 수 있다. 라르쉬에서 한동안 살 때까지만 해도 나는 그런대로 안정되어 있었다. 이곳 사람들은 스스럼없이 솔직하고 참으로 사랑받기에, 또한 번번이 나를 감동시켰다. 그런데 아웅다웅 경쟁하던 학계에 있을 때 나에게조차 숨겼던 깊은 상처가 여기서 터져 나왔다. 공동체의 빛 속으로 깊이 들어갈수록 내 분노와 질투심과 거부당하지나 않을까 하는 두려움이 더욱 크게 드러났다.

내 속에는 나조차 몰랐던 갈망이 너무도 많았다. 공동

체에서 진정한 우정과 사랑을 경험하긴 했지만, 그동안 차마 직시하지 못했던 내 온갖 상처가 그 더불어 사는 장에서 불거져 나왔다. 공동체는 내가 더는 숨을 수 없는 곳이다. 진정한 공동체에서 더불어 사는 이들을 아주 오래 속일 수는 없으며, 나 자신도 속일 수 없다. 공동체에서는 누구라도 성공한 이력이라는 갑옷을 벗을 수밖에 없다. 나도 벗어야 한다. 내가 벗지 않아도 어차피 누군가가 벗기게 되어 있다. 그야말로 모두 벌거벗은 존재다. "당신은 신부님이고 말씀도 잘하시지요. 책도 쓰시고요. 하지만 당신하고 함께 사는 건 그것과는 별개군요!"

그런데 바로 거기서 갑자기 전혀 새로운 소명이 가시화된다. 그 소명대로 당신은 인내하는 가운데 자신의 고뇌와 고통과 어둠을 고스란히 살아 내야 하고, 어떤 면에서 그것을 자신의 일부로 받아들여 벗으로 삼아야 한다. 인내란 그 순간을 십분 살아 내면서 자신의 참모습을 온전히 맛보고, 아무리 고통스러워도 도망치지 않는다는 뜻이다. 공동체는 당신의 고통을 드러내며 이렇게 말한다. "달아나지 마세요. 만족을 찾아서 온 세상을 헤맬 게 아니라 자기 자리에 붙어 있으세요. 속속들이 느끼고 끝까지 견뎌야 합니다."

176

비록 다 실현되지는 않을지라도, 이 엄청난 소명이 당신을 파멸에 떨어뜨리지 않으리라 믿고 견뎌 내야 한다. 그러면 결국 그 속에서 새로운 삶이 시작된다.

고통과 상처를 품고 기꺼이 끝까지 가면 당신은 변화되고 근본적 전환을 이룰 수 있다. 이것을 믿고 고통을 견디라. 견뎌 내면 새로운 삶을 얻는다는 이 확신을 품고 고통에 부딪치라. 공동체란 그런 곳이다. 그렇게 견뎌 내면 새로운 삶을 얻는다. 공동체는 당신을 거기로 부른다.

공동체는 당신을 다시 하나님과의 교제로 부른다. 그 교제는 당신의 고통을 초월하지만, 그 교제에 도달하려면 당신의 고통과 고생과 상처와 외로움을 충분히 살아 내야만 한다. 과감히 그렇게 견뎌 내지 않으면 결국 우리는 감정 기복이 심해진다.

지난 며칠 동안 내 친구 하나가 그것을 아주 분명히 보여 주었다. 밀려왔다 밀려가는 파도처럼 우리는 기분이 좋다가도 어느새 다시 기분이 나빠진다. 그러나 공동체에서 살려면 당신의 고뇌와 고통을 속속들이 살아 내면서 끝까지 견뎌야 한다.

이것을 다르게 말해 보자면 이렇다. 나는 외로웠고 그

래서 공동체로 왔다. 그런데 공동체에서 제2의 외로움을 만났다. 결혼이나 우정도 마찬가지다. 피상적 외로움 이면에는 근원적 외로움이 있다. 전자는 친구와 배우자와 공동체를 통해 혹시 해결될지 모르나 후자는 그렇지 않다. 이 근원적 외로움을 우리는 오히려 원동력으로 삼아야 한다. 여기에 깊은 신비가 있다.

새로운 삶은 고통에서 싹트는 법이다. 공동체와 우정과 결혼으로도 채워질 수 없는 제2의 외로움, 이것마저 없애려 해서는 안 된다. 때로는 40대나 50대가 되어서야 거기에 처음 눈뜰 수도 있다. 이 외로움에 부딪치면 많은 사람이 괴로워하며 이렇게 반응한다. '맙소사, 이게 내 결혼 생활이었다니!' '공동체가 뭐 이래!' '이런, 다시 시작해야겠군.'

그러나 제2의 외로움은 당신을 늘 하나님과의 더 깊은 교제로 부른다. 그 길은 다시 산으로 이어져, 거기서 그분과의 교제에 새로운 차원이 열린다. 거기에 당신의 새로운 삶이 있다. 외로움을 끝까지 견디면 전화위복이 될 수 있다. 삶의 무상함이 문제는커녕 오히려 관계로 발전할 수 있고, 오리무중이던 상태가 '지금, 여기'의 삶으로 바뀔 수 있다. 이렇게 당신은 점차 다음 사실을 깨달아 간다. 하나님은 당신의 가장 약하고 아프고 가난한 자리에, 바로 그 한 가운데에 거하신다. 가난한 자는 복이 있다. 애통하는 자는 복이 있다. 연약한 자는 복이 있다.

당신의 복은 당신의 가난과 눈물과 고통 속에 있다. 공동체 덕분에 당신은 자신의 가난과 장애에 눈뜨고, 자신의 애통과 슬픔을 더 깊이 맛볼 수 있다. 하나님이 굳이 거기에 거하신다는 것을 믿어야 한다. 그분은 당신 안의 가난을 가장 먼저 택하신다.

예수님은 "가난한 자를 돌보는 자는 복이 있나니", "애통하는 자를 위로하는 자는 복이 있나니"라고 말씀하지 않으시고 "가난한 자는 복이 있나니", "애통하는 자는 복이 있나니"라고 말씀하셨다. 공동체 덕분에 당신은 애통하고, 자신의 가난을 느끼고, 자신의 깨어진 모습을 볼 수 있다. 공동체 사람들은 당신을 둘러서서 이렇게 말한다. "두려워하거나 달아나지 마세요. 그 자리에 그리스도께서 태어나시리라 믿어야 합니다."

그 길을 선택한다는 것은 엄청난 신뢰의 행위다. 분명히 말하지만 당신도 그 길을 선택할 능력이 있다. 다른 데로 달아나서 다시 시도하는 것이 아니라 자신의 가난 속에 머물기로 선택할 수 있다. 자신의 외로움을 새롭게 맛보고 그 외로움 속에 복이 있음을 깨닫기로 선택할 수 있다. 그동안 나는 친구나 배우자와 사별하고 아파하는 이들의 곁을 지킬 기회가 많이 있었다. 그들은 오랫동안 어떤 사람과도 만나지 않으면서 상실감을 충분히 맛보았다. 부재를 온전히 느낌으로써 새로운 방식으로 함께할 수 있음을 믿었던 것이다.

예수님이 죽으신 후에 제자들은 성령이 오시기를 기다리며 함께 기도하는 가운데 상실감에 울었다. 그 방에서 기다릴 때 그들은 두려웠지만 상실감을 외면하지 않고 함께 맛보았다. 상실감과 슬픔에 충실한 그들에게 위로자이자 상담자이신 성령이 오셔서 그들의 가장 아프고 연약한 바로 그 지점에서 하나님의 임재를 계시해 주셨다. 이 말을 귀담아 듣기 바란다. 쉽게 할 수 있는 말이 아니기 때문이다. 당신의 가장 고통스럽고 연약한 지점에서 하나님은 당신을 가장 깊이 만져 주신다. 당신의 가장 깨어진 자리에서 뭔가 새로운 것이 태어날 수 있다. 다만 한 가지 조건이 있다. 당신이 하나님께 사랑받는 자로서 살아가야 한다는 것이다.

당신은 하나님의 사랑과 복을 받는 존재다. 이 진리를

놓치면 모든 거부와 고통이 당신을 어둠과 절망 속으로 떠민다. 당신은 하나님께 사랑받는 자로서만 자신의 깨어진 모습을 품을 수 있고, 그분의 무한한 복을 받기에 이렇게 말하며 견딜 수 있다. '나는 달아나고 싶지 않다. 내 고통에 충실하며 고통을 나의 일부로 받아들이고 싶다.' 이런 자세는 매우 중요하다.

모든 사람에게는 자기만이 아는 고통이 있다. 정말 자기만의 것이다. 당신의 고통을 남의 고통과 비교할 필요가 없다. 항상 당신의 고통이 최악이다. 그 말이 맞는 이유는 본래 고통이 워낙 사적이어서 자신에게만 느껴지기 때문이다. 그래서 당신만의 고통이다.

"아무개의 고통에 비하면 이 정도는 별것 아니겠지"라고 말할 필요가 없다. 결코 그렇지 않다. 당신의 고통은 그대로 고통이다. 그러므로 '내 것'으로 받아들여 끝까지 벗으로 삼아야 한다. 고통이 해 주는 말을 끝까지 다 들으면, 결국 당신이 생각보다 훨씬 더 사랑받는 존재임을 깨닫는다. 그 사실을 믿으라. 예수님이 엠마오를 향해 가던 제자들에게 하신 말씀도 그것이다. "미련한 자들이여, 너희는 그리스도가 고난을 받고 나서 영광에 들어가야 할 것을 몰랐더냐?"

이제 그분의 찢기신 몸은 돌연 영광의 길로 변한다. 그렇다고 고통을 미화할 생각은 없다. 고통이 선하다거나 하다못해 괜찮다고 말할 마음도 없다. 다만 고통은 우리를 하나님과의 더 깊은 교제로 부른다. 고통 속에 담겨 있는 그 부름을 붙들어야 한다. 물론 당신은 이미 하나님과 교제하고 있지만, 이것은 그분과 함께 더 깊이 들어가라는 부름이다.

하나님과 교제할수록 정말 자신의 깨어진 모습이 더 많이 보인다. 당신을 "사랑하는 자"라 부르시는 주님 앞에 설수록 아직도 자신이 그분께 감추는 것이 있음을 깨닫게 된다. 당신의 사랑이신 그분을 당신은 아직 다 신뢰하지 않는다.

"주님, 제가 느낄 수치심은요? 너무 부끄러워서 그 일은 말씀드리고 싶지 않습니다."

"너는 내 사랑하는 자다."

"그야 제가 착할 때에 한해서겠지요."

"주님, 주님께 수치심을 내보여도 저는 여전히 사랑받는 자인가요?"

깨어진 모습을 그분께 고백해도 당신은 여전히 사랑받는 자다. 아무에게도 알리고 싶지 않은 악몽을 그분께 아뢰어도 당신은 여전히 사랑받는 자다. 적나라한 실상이 주님 앞에 드러나도 당신은 여전히 사랑받는 자다. 그래서 하나님은 당신에게 "물론 너는 내 사랑하는 자다"라고 대답하신다.

그분은 우리에게 말씀하신다. "내가 네게 복을 주었고, 결코 네 어깨와 마음에서 내 손을 떼지 않겠다. 너를 사랑으로 어루만지는 내게 모든 걸 내보이라. 나는 너의 주인이고 구원자이고 연인이니 아무것도 숨지지 말라."

우리는 불필요한 고난을 자초할 때가 있는데, 알고 보면 그 이유는 바로 하나님께 뭔가를 감추고 작은 구석에 숨기기 때문이다. 그래서는 안 된다. 그런 작은 구석까지도 그분께 내보이면 그때마다 다시금 당신에게 또렷이 들려오는 음성이 있다. "너는 내 사랑하는 자다. 산으로 더 높이 올라오라. 나와 더불어 교제하자."

9 。

'긍휼'과 공동체

너와 내가
'같은 존재'임을
기뻐하는 것이 힘이다

* 1992년 3월, 헨리 나우웬이 노터데임대학교 사회문제연구소와 돈 맥닐 신부의 주최로 열린 그 학교 집회에서 했던 강연이다. 그는 우리의 보편적 인간성을 '약자의 연대'로 보고 이를 공동체의 가장 탄탄한 기초로 제시한다.

오늘 나누려는 내용은 공동체의 영성이다. 기억해야 할 세 단어가 있는데, 아주 중요하다. 바로 '인정'과 '탈환'과 '선포'다.

조금이라도 남다르려 발버둥치던 시간들

우선 우리의 인간성을 항상 인정해야 한다. 이는 결코 쉬운 일이 아니며 내게는 확실히 그렇다. '차별화로 승부해야 한다'를 자신의 정체성으로 품고 사는 사람이 우리 가운데 많기 때문이다. 내가 아버지에게 들은 말이 그것이다. 남들과 달라야 살아남을 수 있다는 것이다. '그러니 무언가 특별하게 다른 모습을 보여 주라. 자기만의 특징으로 존재감을 드

러내라. 어느 누구와도 겹치지 않는 부분이 있어야 한다.'

아주 어려서부터 내 안에 그런 생각이 자리를 잡았다. 조금이라도 남다르기를 바라면서 늘 나를 주변 사람들과 비교해야 했다. 내가 좀 더 착하거나 잘생겼거나 똑똑하기를 바랐지만 물론 하나도 뜻대로 되지 않았다.

이는 우리 모두가 가진 아주 기본적인 고민이며, 그 속에 '내가 세상에 일으키는 변화는 무엇인가?'라는 의문도 들어 있다. 그렇다 보니 우리는 '차별화로 승부해야 한다'는 생각의 덫에 빠지기 일쑤다. 그게 내 정체성의 주를 이룬다면 나는 경쟁적인 사람이 되고 만다. 가끔씩 장난으로 즐기는 경쟁이 아니라, 남을 이기는 일이 삶의 관건이 되는 그런 경쟁 말이다. 교육 기관은 대개 그런 성향이 아주 강하다. 다른 사람 눈에 내가 어떻게 비칠지 늘 신경 쓰이고, 가끔은 그런 자신이 의식되기도 한다. 나 자신이나 내 성적이 다른 사람보다 나은지 걱정이 끝이 없다.

나는 대학에서 20년 동안 가르쳤다. 지나고 보니 그곳의 생활 방식은 나의 겉과 속을 서로 멀어지게 했다. 겸손을 강의하면서도 '사람들이 나와 내 강의를 어떻게 생각할까? 나를 좋아할까 그렇지 않을까?'라는 의문에서 헤어나지 못했으니 말이다. 공동체 생활을 논하지만 집에 돌아가면 외로웠다. 내 모든 문제나 고민을 사람들에게 털어놓고 싶지 않았기 때문이다. 게다가 거기서는 머리를 잘 써야 했다. 연약한 모습을 나누는 것은 하나님이 내게 실천하라 하신 귀한 덕목이지만, 나는 말만 그렇게 했을 뿐 정작 내 연약한 모습은 감추었다. 그래야 경쟁에 유리할 테니 말이다.

그러니까 내가 하고 싶은 말은, 정체성의 전혀 다른 정의가 존재한다는 것이다. 내가 다른 사람과 공유하는 동질성이 곧 나다. 나라는 존재는 나만의 차별성이 아니라 다른 사람들과 공통으로 지닌 동질성으로 파악해야 한다. 당신도 알겠지만 우리는 차이점보다 공통점이 훨씬 많다. 당신도 그것을 어느 정도 경험했기를 바란다. 우리의 인간성과 기본 정체성의 뿌리는 각자의 개성에 있지 않다. 우리는 편차보다 공통분모가 훨씬 크다.

그래서 동질성을 우리 인간성과 정체성의 원천으로 인정하는 일이 매우 중요하다. 나는 다른 사람들과 같으며, 이는 경축할 만한 일이다. 그래서 삶은 경이롭다. 아는 사람들은 알겠지만 토머스 머튼도 수도원에 들어가기 전에는 남들과 달라지고 싶었다. 수도원에서 20년간 기도한 후에 그는 켄터키 주 루이빌로 심부름을 나갔는데, 거리를 걸으며 사람들을 보던 그의 입에서 불쑥 이런 말이 나왔다. "와, 나도 다른 모든 사람과 같구나!"

나 역시 내가 다른 모든 사람과 같음을 30년간 기도하고 나서 깨달았다. 아주 경이로운 일이다. 인간은 누구나 해처럼 빛나며 인간성을 나와 공유한다. 그제야 불현듯 내면에 소속감이 찾아들었다. 다른 모든 사람과 기본적으로 같다.

이것은 기쁨의 원천이며, 훨씬 깊은 경험이다. 내 삶의 주요 기조는 (자신을 남들과 비교하려 드는) 경쟁이 아니라 긍휼이다. 긍휼을 뜻하는 영어 단어 '컴패션'compassion의 어원인 '콤파티오르'compátĭor는 본래 '고통을 함께하다, 동참하다'라는 뜻이다. 이는 우울하거나 의기소침하거나 마음이 무거워질 이유가 아니라 오히려 정반대다.

타인의 기쁨과 고통과 상처와 소외와 씨름에 진심으로 동참할 때마다 당신 안에서 여태 몰랐던 기쁨의 샘이 터진다. 우리가 사는 세상은 늘 "네가 다른 사람들과 다른 걸 기뻐하라"고 말하지만, 복음은 늘 "네가 다른 사람들과 같은 걸 기뻐하라. 거기서 너도 보편적 인간성에 동참하기 때문이다"라고 말한다. 희로애락의 보편적 인간성, 그것이 바로 하나님이 성육신하여 취하신 인성이다.

그것이 복음의 주방향이다. 복음은 상향 이동이 아니라 하향 이동이다. 즉 다른 사람들처럼 되어 모두의 동질성과 연대와 소통과 소속감 속에서 기쁨과 평화와 사랑과 행복을 찾고 누리는 것이다. 내 생각에 공동체란 다분히 그런 곳이며, 이는 당신에게도 낯선 요소가 아니다. 가정과 우정과 더불어 사는 삶의 관건도 다 그것이다. 경쟁에서 긍휼로 옮겨 가는 것이다.

하버드대학교는 아주 경쟁이 심한 곳인 만큼 내게도 늘 달라져야 한다는 부담을 주었다. 지금도 기억에 선하지만 내가 거기서 가르치고 있을 때 라르쉬 설립자가 나를 공동체로 초대했다. 그는 "헨리, 사목으로 오시면 됩니다. 우리 라르쉬에 당신이 할 일이 많아요. 함께 일해 보면 어떨까요?"라고 말하지 않았다. 대신 그의 말은 이랬다. "당신은 항상 '집'을 찾고 계시던데(내 책들을 읽었던 게 분명하다!) 어쩌면 우리가 집이 되어 드릴 수도 있겠군요. 라르쉬의 주인공들을 만나 보면 그곳이 집으로 느껴질지도 모릅니다. 늘 두 팔을 활짝 벌려 모두를 따뜻하고 너그럽게 맞이하는 린다 같은 사람들이 있으니까요."

그곳에 처음 갔을 때 정말 아무도 나를 몰랐고 그동안 내가 무슨 일에 종사했는지도 몰랐다. 그런데 묘하게도 정말 환영받는 기분이었다. 내가 가진 무언가 때문이 아니라 '그냥' 나를 한식구로 받아 주는 환대였다.

초대에 응한 나는 내가 차별화로 승부하는 존재가 아니라 삶을 공유하는 존재임을 그 공동체를 통해 깨달았다. 공동체 내의 중증 장애인들이 처음에는 나와 달라 보였다. 예컨대 애덤처럼 말을 하지 못하는 사람들도 있었고, 보행 등 자신의 앞가림을 하지 못하는 사람들도 있었다. 물론 그들과 내가 서로 다르기는 하다. 그런데 알고 보니 거기서 오래 더불어 살수록 우리의 공통점에 비하면 차이점은 정말 미미했다. 애덤이 말을 못하고 로지가 걷지 못한다는 사실은 우리가 공유한 인간성에 비하면 아주 조그만 차이에 불과하다.

내가 깨달은 것이 또 있다. 대개 몸의 장애가 심한 사람일수록 고도의 경쟁 사회에서 온 나 같은 사람들에게 사랑의 자리를 터 주는 신기한 능력이 있다. 그 사랑의 자리에서 우리는 긍휼을 품고 남들과 함께 지내며 삶을 공유할 수 있다. 물론 우리 공동체만 그런 게 아니고 복음 자체가 그렇다. 복음의 이야기란 가난함을 서로 나누는 자리에 기쁨과 복도 있다는 것이다.

예수님은 "가난한 자를 돌보는 자는 복이 있나니"라고 하지 않으시고 "가난한 자는 복이 있나니"라고 말씀하셨다. 우리의 복은 똑같이 가난하고 깨어진 보편적 인간성 속에 있다. 그래서 라르쉬나 그와 비슷한 공동체에서 오래 살다 보면 깨닫는 것이 있다. 당신을 그곳으로 초대하고 환영하는 주인공들에게 보화가 있어, 그들이 그것을 당신에게 베푼다는 것이다. 당신이 그곳에 있는 것은 그들을 돕기 위해서가 아니라 우선 그 영적 기쁨을 받기 위해서이며, 그것을 받으려면 당신도 똑같은 존재임을 인정해야 한다. 당신이라고 유별나게 다르지 않다.

린다와 나는 겉으로는 좀 다를지 모르지만 우리가 겪는 고통과 기쁨은 정말 똑같다. 라르쉬 같은 공동체에 오래 살수록 더 깨닫듯이, 우리는 다분히 똑같기에 동고동락이 가능하다. 그래서 첫째는 우리의 보편적 인간성을 인정하는 것이다. 삶의 보편적 현실에 비하면 장애인과 비장애인, 노인과 젊은이의 구분은 지극히 피상적일 뿐임을 알아야 한다. 나도 과거에는 늘 내가 남들과 꽤 다른 줄로 알았는데, 나이가 들어 갈수록 나 또한 똑같다는 것을 깨닫는다.

알고 보면 사생활에서 겪는 온갖 고통과 상처와 상실감과 소외감은 나나 다른 사람이나 다를 바 없다. 그런데 거기서 불현듯 사랑이 온다. 인간 가족의 일원이라는 사실에서 진정한 기쁨이 온다. 여기까지가 내가 첫째로 말하고 싶은 내용이다.

'보편적 인간성'을 되찾는 매일의 분투

둘째는 이것이다. 우리의 기본 소명이 경쟁이 아니라 긍휼임을 일단 인정했다면, 이제 그것을 어떻게 실천할 것인가? 그것이 이루어지는 곳은 바로 공동체 생활이다. 가정과 우정과 공동체, 거기가 매일의 탈환이 이루어지는 곳이다. 탈환은 계속되어야 한다. 당신도 나도 그것을 자꾸 잃어버리니 말이다. 나는 거부당했다는 느낌 때문에 질투와 원망과 분노와 상심에 빠진다. 이는 다른 어느 곳 못지않게 라르쉬 공동체에서도 흔히 있는 일이다. "왜 내게 조언을 구하지 않았습니까?" "왜 나한테 미리 말하지 않았나요?" 알다시피 온갖 사소한 것들이다.

공동체는 만만치 않다. 공동체란 당신이 가장 함께 살고 싶지 않은 사람이 항상 살고 있는 곳이다. "그 사람만 없다면 참 좋을 텐데"라고 당신이 말하는 그 한 사람이 늘 존재한다. 그런데 바로 그들이 우리에게 긍휼의 소명을 상기시킨다. 공동체가 용광로처럼 우리 마음을 제련하여, 보편적 인간성 속으로 더욱더 깊이 들어가게 한다. 우리에게 주어진 초대이자 도전은 그것을 더 온전히 인정하는 것이다. 그것을 거듭 탈환하는 두 가지 방법은 용서와 경축이다. 공동체 내에서 사랑은 그렇게 역사한다.

용서와 경축, 이 두 단어는 한없이 중요하다. 우리에게는 다른 사람들과 같아지기를 싫어하는 본능이 있기 때문이다. 자신감을 잃어 못내 불안해지면, 우리는 다시 성공으로 자신의 가치를 증명하려 한다. 주변 사람들이 건네는 칭찬에 자신이 괜찮은 사람이라고 혼잣말한다. 자신의 재산과 모든 소유물을 보며 그것이 내가 훌륭하다는 증거라고 우긴다.

공동체 안에서 사는 사람은 정체성의 뿌리를 전혀 다른 데 둘 수밖에 없고, 그러려면 늘 용서하며 살아야 한다. 당신의 모든 욕구를 채워 주지 못하는 사람들, 기대와 달리 당신을 늘 중요하게 대하지만은 않는 사람들을 용서해야 한다. 그것은 힘겨운 싸움이다. 우리의 정서가 심히 불안하여 늘 다른 사람보다 나아지려 하기 때문이다. 그래서 우리의 닻은 늘 보편적 인간성에 드리워져 있어야 한다. 다른 사람의 한계를 용서하고, 또한 내 한계에 대해 용서를 구해야 한다. 공동체 안에서 살다 보면 어느 누구 못지않게 자신에게도 장애가 있음을 깨닫기 때문이다.

혹여 눈에 보이지는 않더라도 당신 역시 장애가 있다. 사실 공동체 안에서 오래 살수록 자신의 깨어진 모습과 한계가 더 많이 보인다. 그래서 때로 이렇게 말해야 한다.

"여러분, 절 참아 주셔야 됩니다. 제가 완전히 달라지지는 않을 테니까요. 노력하겠지만 아마 또 분노가 터질 겁니다."

"당신도 저를 대할 때 어쩌면 똑같으리라는 걸 압니다. 그러니 저도 당신에게 변화를 강요해서는 안 되고 당신의 한계를 받아들여야 하지요."

공동체가 '약자의 연대'임을 실제로 믿어야 한다. 공동체란 기꺼이 서로에게 늘 약한 모습을 보이는 사람들의 모임이다. 더 낫거나 강하지 못함에 대해 늘 서로 용서하고 용서를 구하면, 거기서 복이 임한다. 공동체는 그것을 신뢰한다. 서로를 그렇게 용서할 수 있을 때 아름다운 경축이

가능해진다.

경축은 삶의 선물들을 예찬한다는 뜻이다. 경축이란 그런 것이다. 경축은 특별한 사람에게 그저 상을 주는 것이 아니다. 그거야 우리를 둘러싼 세상과 일반 사회에서 흔히 하는 일이다. 당신이 다른 사람보다 나으면 축하받을 수 있다. 그러나 영적인 의미에서 진정한 경축이란 충실성과 우정과 삶을 즐거워하고 고통까지도 기념하는 것이다. 고통을 올려 드리면서 "물론 아프지만 우리는 함께 있다"라고 고백하는 것이다.

라르쉬는 경축이 차고 넘치는 공동체다. 함께 모여 우리 가운데 벌어지는 일을 나누는 경축이다. 예컨대 우리는 사람들을 알아주며 이렇게 말한다. "당신이 이곳에 산 지 오늘로 몇 주년이군요. 저녁에 특별히 함께 모여 당신의 삶을 돌아보며 우리의 이야기를 나눕시다."

공동체는 우리가 늘 서로의 선물을 올려 드리도록 부름받은 곳이다. 여기서 선물이란 서로의 독특한 재능이 아니라 바로 우리가 함께 경험해 온 우정과 평화와 기쁨과 고통과 슬픔이다. 때로 경축은 서로 어우러질 때 더 생생해진다. 그래서 우리는 늘 함께 경축한다. 한 사람이 어느 날 알츠하

이머병 진단을 받는다. 이제 우리는 슬퍼하기만 할 것인가, 아니면 이렇게 말할 것인가? "어떻게 하면 서로를 특별한 방식으로 돌보아, 돌봄의 이 새로운 소명을 경축할 수 있을까?"

어떤 구성원에게 평소보다 많은 관심과 도움이 필요해질 때가 있다. 그럴 때 그것을 새로운 짐으로만 볼 것이 아니라 함께 알아주며 즐거워할 수 있다. 이렇게 우리는 매번 보편적 인간성을 탈환한다. 우리가 공유한 인간성은 오래 더불어 살수록 더욱더 가시화된다. 함께 사는 기간이 길어질수록 꼭 더 쉬워진다는 말은 사실이 아니다. 어떤 결혼이나 우정의 경우처럼 오히려 더 힘들어질 수도 있다. 하지만 동시에 더 깊어진다. 어느새 더 깊은 차원에서 연합하게 된다.

'보편적 인간성'을 선포하는 공동체

끝으로 하고 싶은 말은 우리 공동체가 인간성을 인정하고 탈환할 뿐 아니라 또한 선포하기를 원한다는 것이다. 오늘 우리가 여기에 온 데는 그런 목적도 있다. 나 혼자 오지 않고 우리 공동체 식구들과 함께 와서 참 좋다. 이전에 대학에 있을 때도 나는 강연을 많이 다녔는데, 그때는 사람들이 마치 나 개인의 성취인 양 "강연 좋았습니다"라고 반응하곤 했다. 이제 내 안에서 점점 더 깊어지는 확신은, 우리가 어디를 가든 보편적 인간성을 공유한 자들의 공동체로서 그 보편적 인간성을 선포하도록 부름받았다는 것이다.

좋은 예가 될 만한 짤막한 일화가 있다. 데이브레이크에 온 지 1-2년 되었을 무렵 나는 워싱턴 DC의 사제 모임에서 강연해 달라는 부탁을 받았다. 버지니아 주 크리스털 시티에 '고위층' 사제들이 모여 있었다. 분수와 동상이 늘어선 호텔 무도회장으로 가니 모두 검은 사제복에 흰 칼라를 두른 그들이 탁자마다 둘러앉아 있었다.

이미 몇 주 전에 나는 "우리 공동체 식구 하나와 함께 가도 될까요? 그의 이름은 빌입니다"라고 말해 놓았다. 데이브레이크의 빌에게도 "강연하러 워싱턴에 가는데 함께 갈래요?"라고 물었더니 그는 "좋지요. 잘됐네요"라며 동의했다. 가는 길에 그가 비행기 안에서 "헨리, 이번 일은 우리 둘이 함께 하는 거지요?"라고 물었을 때, 나는 잠시 '이 말이 무슨 뜻일까?' 생각하다가 "그럼요, 빌. 물론입니다"라고 대답했다.

사회자의 소개로 내가 강대상 앞에 선 바로 그 순간, 빌이 청중 가운데서 벌떡 일어나 무대 위로 올라오더니 강대상의 마이크에 대고 말했다. "우리 둘이 함께 할 겁니다."

나는 긴장돼서 원고를 다 써 가지고 갔는데, 빌이 그것을 한 장씩 넘겨 주었다. '내 말을 듣고 사람들이 잠시나마 생각에 잠겨야 할 텐데'라는 생각이 들었다. 어쨌든 강연은 시작되었고 모두 아주 집중해서 들었다. 내가 정확히 뭐라고 말했는지는 모르지만, 끝난 후 장내는 침묵에 휩싸였다. 바로 그때 빌이 큰 소리로 말했다. "이건 전에도 들었던 건데요."

그 말에 약간 김이 샜지만, 흥미롭게도 그때부터 사람들은 우리 둘이 함께임을 알았다. 정말 둘이 함께 한 일이었고, 그런 우리를 그들은 아주 따뜻하게 받아 주었다. 갑자기 행사의 중점이 바뀌어, 사람과 사람이 만나 약한 모습을 나누는 시간이 되었다. 처음에는 그들이 완고하고 서먹서먹하게 느껴졌는데, 어느새 모두들 우리가 연약한 인간일 뿐임을 떠올렸다. 빌만이 할 수 있는 일이었다. 나는 그렇게 못하지만, 단순한 빌은 우리의 강연 내용이 무슨 거창한 신비가 아님을 나와 그들에게 똑같이 깨우쳐 주었다.

그날 우리는 보편적 인간성을 선포했을 뿐이다. 그것을 그들도 경험할 수 있도록 우리 둘이 함께임을 보여 주어야 했다.

이렇듯 라르쉬 공동체는 사회 중심부에서 밀려난 주변부 사람들을 통해 우리의 보편적 인간성을 선포하려는 공동체다. 그들이 베푸는 엄청난 선물 덕분에 우리는 보편적 인간성을 함께 탈환할 수 있다. 그래서 나는 라르쉬가 어떤 공동체인지를 이 세 단어로 나누고 싶었다. 즉 우리는 보편적 인간성을 인정하고, 공동체 안에서 그것을 탈환하고, 어디를 가든 그것을 선포한다. 대개 그 선포는 심령이 가난한 자들과 더불어 공동체로 할 때 가장 잘될 수 있다.

이제 기도로 마치려 한다. "오, 주님, 이렇게 우리를 모아 주셔서 감사합니다. 우리가 주님의 가족이고 주님께 사랑받는 아들딸이어서 감사합니다. 우리가 주님께 속한 존재임을 거듭 인정하게 하소서. 우리는 깨어지고 연약한 존재지만 함께 당당히 주님의 사랑을 선포할 수 있습니다. 함께여서 좋다는 걸 정말 인식하며 살도록 도와주소서. 이렇게 한데 어울려서 좋고, 오늘 이 시대에 우리가 인간이어서 좋습니다. 그것을 인해 늘 감사하게 하소서. 그 동질성과 연대의 자리에서 서로에게 다가가게 하소서. 정말 긍휼히 여기는 사람들이 되게 하소서."

10.

'변화'와 공동체

매일의 여정,
'굳은 마음'에서
'부드러운 마음'으로

* 헨리 나우웬이 세상을 떠나기 불과 9개월 전인 1995년 12월 6일, 캐나다 온타리오 주 스트랫퍼드에서 열린 라르쉬 공동체 봉사자들의 피정에서 했던 강연이다. 주제는 공동체 생활을 하면서 이루어지는 변화다.

우리 삶에 끊임없이 필요한 변화에 관해 말하고자 한다. 굳은 마음에서 부드러운 마음으로 바뀌는 변화다. 내가 말하려는 이 변화는 한 번에 끝나는 것이 아니라, 굳은 마음을 부드러운 마음으로 변화시키려는 지속적인 갈망이다.

우리에게 변화란 어떤 모습일까? 우리는 어떻게 거기로 부름받았으며, 구체적으로 우리 라르쉬 공동체에서 어떻게 변화로 부름받았는가?

아울러 이 변화 과정을 계속 유지하는 데 도움이 될 만한 구체적인 훈련도 몇 가지 소개하고 싶다. 당신이 변화되는 데 필요한 훈련은 무엇인가? 당신은 "나도 정말 변화되고 싶은데 방법을 모르겠다"라고 말할지 모른다. 그래서 방법을 조금 알아야 한다. 물론 변화의 내용도 알아야 한다.

애초에 우리가 원하는 것이 무엇인가? 목표가 없다면 방법을 이야기하는 것은 모두 무의미하다.

변화는 성경적 사고 전반에서 아주 핵심적인 주제다. 굳은 마음에서 부드러운 마음으로 바뀌는 근본적 변화가 성경 전체를 관통하고 있다. 하나님은 "너희 마음이 완고하다. 그래서 내가 와서 새 마음을 주노니 너희는 새 마음을 받으라"라고 말씀하신다. 그래서 이 변화가 무엇인지 살펴보는 것이 중요하다. 삶에 대한 이런 은유를 통해 어떻게 우리가 계속 변화에 힘써야 하는지를 알 수 있다("굳은 마음"과 "부드러운 마음"은 에스겔 36장 26절에 나오는 표현이다. 나우웬은 원어의 직역이자 은유적 표현인 "돌 같은 마음"과 "살 같은 마음"을 그대로 썼다-옮긴이).

당신은 정직하게 자신에게 이렇게 물어야 한다. '내 안에 완고하여 융통성이 없고 꽉 막힌 부분은 없는가?'

우선 우리 마음이 완고해지는 세 가지 방식부터 알아볼 텐데, 그중 첫째는 자아를 거부하는 것이다.

'자아를 거부하는 태도'와 완고한 마음

내면을 향해 물어보라. '나는 나를 사랑하는가?'

자신을 두고 이렇게 말하는 사람이 많다. "내가 헨리인 게 싫다. 베로니카인 게 싫다. 다른 사람이었으면 좋겠다." "저 사람은 훌륭하다. 나도 저랬으면 좋겠다." 때로 알고 보면 사람들이 당신을 좋아하는데도 당신은 자신을 좋아하지 않는다. 이것은 큰 문제다. 많은 사람이 "닉은 훌륭하다. 어떻게 저렇게 멋있을 수 있을까?" 또는 "우리 가정도 저랬으면 좋겠다"라고 말한다. 그런데 정작 닉은 최선의 상태에서도 "나는 잘 모르겠다"라고 말할 수 있다.

왜 우리는 자신을 호감이 가지 않는 사람으로 규정해 버릴까? 그렇다고 우리의 모든 면이 훌륭하고 이상적이라는 것은 아니다. 요지는 우리가 자신의 정체성에 만족하느냐는 것이다. 늘 다른 사람이 더 낫거나 다른 사람의 삶이 더 재미있다고 말하는 데서 많은 문제가 발생하기 때문이다. 자신의 삶은 그냥 비참하고 시시하고 보잘것없어서 자신은 없어져 버렸으면 좋겠다는 식이다.

대개 완고한 마음은 묘하게도 바로 거기서 싹튼다. 당

신은 자신에게 만족할 줄을 모른다. "네 이웃을 네 자신같이 사랑하라" 하셨는데, 자신을 사랑하지 않으면 그게 어렵다. 있는 그대로의 자기 모습으로 편안하지 않기 때문이다.

당신은 이렇게 말할 수 있어야 한다. "나는 헨리여서 만족한다. 물론 나는 피곤하고 예민하고 불안하고 늘 산만하며 사람들에게 놀림을 받기도 한다. 하지만 그래도 괜찮다. 속으로는 나여서 행복하다. 어떤 때는 놀림을 받아도 그냥 즐겁다. 나의 정체성에 만족하기 때문이다."

자신을 좋아하지 않는 사람은 남이 자신을 놀리거나 비난하면 이렇게 생각하기 쉽다. '그럼 그렇지. 아마 나는 하찮고 쓸모없는 사람일 거야. 아무도 나를 귀중하게 생각하지 않을 거야.' 당신도 자신에 대한 호감이 없다면 금방 남들에게 이용당하는 기분이 들 것이다.

내가 하는 말이 당장은 분명하게 와닿지 않을 수 있다. 하지만 자신을 사랑하지 않고 속으로 자아를 거부하면, 금방 당신 안에 원망이 싹튼다. "다들 나를 좋게 생각하지만 사실 나는 한심한 사람이다"라고 말한다면, 남들이 당신을 이용하고 함부로 대한다는 생각이 들기 쉽다.

자신을 깊이 존중하지 않으면 스스로 노예처럼 느껴질

수 있다. 정체성이 분명하지 않으면 다른 사람들 보기에 자신이 별로 중요하지 않은 존재로 느껴진다. '나는 괜찮아. 내 나름대로 세상에 기여하는 바가 있어'라는 느낌이 없다면, 금세 원망이 싹트면서 마음이 완고해질 수 있다. 알고 보면 이것은 아주 현실적인 문제다. 특히 공동체에서 늘 다른 사람들과 더불어 살아갈 때는 더하다.

공동체에서 당신은 마땅히 사람들을 돕고 돌보고 섬겨야 한다. 그런데 자신을 한심하게 여긴다면, 금세 당신은 당신이 도움을 줘야 하는 상대가 당신을 이래저래 이용하고 조종한다고 느껴진다. 사실 그 상대는 당신의 자아상에 맞게 당신을 대할 뿐이다.

근래에 어느 호스피스의 한 간호사와 대화를 나누던 중 그가 내게 이렇게 말했다. "너무 힘들어요. 환자들은 언제나 불평만 해요. 그러면서 이런 말로 저를 이용하죠. '어이 간호사, 이리 와 봐요. 저리 좀 가요. 이것 좀 집어 줘요. 저것도 갖다 줘요. 물 좀 가져다줘요.' 늘 그렇게 제 인내심을 시험해요."

자신이 동네북처럼 느껴진다면 당신이 자신을 그렇게 보기 때문이다. 당신의 내면생활이 공고하지 못하면 주변의 조종 행위가 그 허약한 자리로 금세 파고든다. 이상하게 들리지만 정말 그렇다. 다른 사람들이 종종 당신을 조종하거나 이용하지 않는다는 말이 아니라, 당신 스스로 이용당하고 조종당한다고 느껴진다는 말이다. 그러면 당신은 원망과 분노와 원한에 찬 사람이 될 수 있다.

이 역동을 알아야 한다. 그렇지 않으면 당신은 늘 다른 사람들이 달라져야 한다고 우기게 된다. 물론 어떤 면에서 그들도 달라져야 하지만, 당신부터 자신을 좋게 보지 않고 정말 자유롭지 못하다면 결국 자신이 생각하는 대로 된다. 스스로 동네북으로 이용당한다고 생각하면 정말 그렇게 된다.

사람들이 자주 하는 말이 있다. "나를 정말 안다면 당신도 나를 좋아하지 않겠지요. 내 생각과 감정을 사람들이 정말 안다면 나를 한심하게 여길 겁니다." 사람들이야 당신을 괜찮게 본다. 하지만 자신의 내면을 사랑하지 않는 사람은 자아를 거부하는 상태에서 헤어날 수 없다. 당신이 그런 경우가 아닌지 잘 생각해 보라. 이것은 완고한 마음의 일면이다. 자신과의 관계에서만 아니라 다른 사람들과의 관계에서도 그것이 당신을 혼란에 빠뜨린다.

'경쟁'과 완고한 마음

둘째로, 완고한 마음은 늘 경쟁적이다. 완고한 마음은 늘 다른 사람들과 경쟁한다. 그냥 '비교한다'고 말할 수도 있다. 당신은 늘 자신을 다른 사람들과 비교한다. 늘 상대방에 대해 궁금해한다. 그러면 당신의 정체성과 자아상은 다른 누군가와의 비교 결과에 크게 의존하게 된다. '내가 더 나은가? 더 빠른가? 더 잘생겼는가? 더 똑똑한가?'

경쟁심은 우리 사회를 이루는 막강한 기본 요소다. 신문을 보라. 어떤 것들이 기사로 실리는가? 특정인이 아주 빠르거나 몹시 흉하다는 것, 스포츠나 연예계의 큰 성공담, 대형 범죄 등이다. 평범한 삶은 재미가 없어서 기삿거리가 못 된다.

결국 다른 사람과 달라서 돋보이는 사람들이 뉴스를 장식한다. 서로 같아서는 안 되니 경쟁이 심할 수밖에 없다. 아이들도 학교에 처음 들어갈 때 아주 민감하다. '다른 아이들이 나를 어떻게 생각할까? 나를 좋아할까 그렇지 않을까? 친구가 생길까?' 이렇듯 인간은 늘 자신을 시험하고 평가한다. 그게 인간의 기본 속성이다. 그래서 정서가 불안한 사람은 자신이 남들에 비해 어떤지를 늘 알려고 한다.

우리는 차별화로 승부하려 한다. '나는 당신과 다르다. 고로 나는 존재한다.' 이렇게 당신의 삶이 경쟁으로 변하면, 그때부터 '나와 그들', '내 것과 네 것'에 신경이 쓰인다. 단순한 문제지만 거기서 헤어나지 못한다. '나도 그럴 권리가 있어.' '저 사람이 가졌으니 나도 갖고 싶다.' 어느새 당신은 경쟁하는 마음으로 살아간다. 저 사람이 받은 양과 내가 받은 양을 속으로 따지면서 살아간다.

그는 얼마나 주목받았으며, 거기에 비하면 나는 어떤가? 이렇듯 '내 것과 네 것'이 아주 중요해진다. 재산만 아니라 시간과 주목과 애정에서도 마찬가지다. '모두 그에게만 주목하는군.' '봉사자인 내가 공동체의 주인공과 함께 나가면, 그의 성품이 아름답다며 누구나 그 사람 이야기뿐이야. 내 생각은 누가 해 주지? 나는 있으나 마나 한 존재야.' '다들 그 사람이 아주 착하다고 말하지만, 늘 나를 성가시게 하는 그가 얼마나 까다로운 사람인지 그들도 알아야 해.' 그래서 나는 아예 나를 쳐다보지도 않는 사람들에게 화날 때가 있다.

심지어 나는 라르쉬의 주인공들과 경쟁하다가 그들에

게 분노할 때도 있다. 이게 다 경쟁과 상관있다. 자신이 싸움에서 지고 있다고 느껴지기 때문이다.

'생산성'과 완고한 마음

우리의 완고한 마음과 관계있는 세 번째 질문은 생산성의 문제다. 우리는 생산적인 사람이 되려 한다. "나는 뭔가 실속 있는 걸 생산한다"라고 말하고 싶어 한다. "이게 내가 일해서 얻은 것이다. 그 결과를 보라!" 이때의 결과란 눈으로 볼 수 있는 것이다. 우리가 사는 세상은 눈으로 확인할 수 있는 결과에 관심이 많다. 예컨대 당신은 돈을 얼마나 버는가?

이렇게 말하는 봉사자들이 있다. "나는 하루 24시간을 일하는 셈인데도 맥도날드에서 햄버거를 파는 사람보다 월급이 적어요." "기꺼이 장애인들에게 시간을 다 바치고 싶지만, 그러려면 연봉을 6천만 원은 받아야 합니다. 보수가 최소한 그 정도는 돼야 집이며 작은 오토바이며 이것저것을 살 수 있어요. 이렇게 돈도 좀 벌고 뭔가 내 것이 생겨야 생산적인 삶이 아닌가요?" "의사와 정신과 의사와 간호사 등 내가 아는 많은 사람은 일을 훨씬 적게 하고도 돈을 엄청나게 더 많이 법니다. 아침 9시에 출근해서 저녁 5시 조금 지나 퇴근해요. 집에 가서 가족들과 함께 영화나 오페라를 보러 나가곤 하지요. 다른 의사들과 간호사들에게 아주 인기도 좋습니다. 그런데 하찮은 우리는 여기서 온종일 삶을 바쳐도 쥐꼬리만 한 월급밖에 받지 못한다고요." 이게 바로 완고한 마음이다.

돈과 그 밖의 겉으로 드러나는 것들이 아주 중요해진다. 당신이 재산이나 소유물에 집착하는 건 삶에서 관계의 질이 만족스럽지 않기 때문이다. 그래서 초점이 돈과 재산과 물건으로 바뀐다. 내게서도 그런 모습이 늘 보인다. 관계에 더는 만족하지 못하면 나는 즉시 다른 것에 관심을 두고 그것을 붙든다.

나의 아버지는 평생 생산성을 극구 떠받들었다. 내 동생이 내가 쓴 책들에 대해 한 말은 책이 얼마나 팔렸느냐는 것뿐이었다. 읽어는 봤느냐고 했더니 안 읽어 봤다면서 돈을 얼마나 벌었는지만 물었다. 우리의 생산성과 중요성은 그걸로 판가름 난다.

"우리 형이 책을 30권이나 썼는데 잘 팔린다는군요!"

"당신도 읽어 봤습니까?"

"천만에요. 그건 중요하지 않습니다."

재미있다. 심지어 내 조카들까지도 자기네끼리 이렇게 말한다. "헨리 삼촌은 시간만 낭비하고 있어. 장애인들을 돕는다지만 아무도 알아주지 않거든." 그런데 지난달에 내가 규모가 꽤 큰 음악 축제의 심사위원으로 위촉된 일이 있었다. 무대에 오른 내게 사람들이 꽃다발과 선물과 포도주를 주는 걸 조카들도 보았다. 갑자기 나는 가족들 보기에 소위 '대박'으로 변했다. 원래는 "캐나다의 무슨 기관에서 그저 장애인을 돌보고 있다지"라던 그들이 나를 생산적이고 성공한 사람으로 본 것이다.

이렇듯 속으로 자아를 거부하면 자신이 이용당하는 느낌이 들고, 경쟁심은 종종 우리를 '내 것과 네 것'에 신경 쓰게 만들며, 생산성의 초점은 물질과 돈이다. 이 세 가지를 보면 알겠지만, 이런 역동을 총칭하여 '규격화된 삶'이라 할 수 있다.

우리는 하나님께 사랑받는 아들딸

반면에 기독교의 전체 메시지는, 우리는 공동체에 관심이 있다는 것이다.

라르쉬 설립의 기초가 된 핵심 비전은 경쟁심과 생산성의 생활 방식을 배격하고 비판한다. 경쟁심과 생산성은 삶의 기초가 아니다. 그것이 삶의 기초라면 우리가 살고 있는 세상은 긴장뿐 아니라 늘 전쟁과 분쟁을 낳을 수밖에 없다. 자아를 거부하는 태도와 경쟁심과 탐욕과 강박적인 생산성 등이 국제적 차원에서 결합되면, 그 결과는 분쟁과 전쟁이기 때문이다. 공동체는 우선 우리가 사람이라고, 하나님께 선택받고 사랑받는 그분의 자녀라고 말한다. 이것이 전체 라르쉬 공동체들의 비전의 핵심이다.

비록 나 자신이 싫을 때가 있을지라도 기본적으로 내가 하나님께 사랑받는 자녀임을 마음 깊이 안다는 뜻이다. 나는 내 속사람이 평안하다는 걸 안다. 하나님이 지으셨기에 나는 좋은 사람이다. 그래서 그 진리에 합당하게 살아간다.

이는 자아를 거부하는 태도의 반대이며, 그만큼 중요하다. 자신이 아름답고 선하고 사랑받는 존재임을 영적으로 내면 깊이 인식하면, 당신이 이용당한다고 느껴지지 않는다. 자신의 선에 눈뜬 사람들은 이용당하는 기분이 들지 않는다. 이용당할 때가 없다는 말이 아니라 다만 감정이 거기에 지배당하지 않는다는 뜻이다.

그들은 자유롭다. 그래서 "당신에게 이용당하지 않겠습니다" 또는 "당신에게 할 말이 좀 있습니다"라고 말할 수 있다. 남들이 당신을 이용할 경우 당신은 웃어넘길 때도 있고, 상대를 바로잡아 줄 때도 있고, 싫다고 거부할 때도 있다. 부당한 일 앞에서도 참된 자유를 구사하는 것이다. 그게 아주 중요하다. 봉사자로서 사람들을 돌보거나 의료진과 대화할 때 당신은 이렇게 말할 수 있다. "내가 보기에 이 사람은 욕구가 심하거나 상황을 악용하고 있습니다."

이제 당신은 다른 사람들 안에 있는 선을 볼 수 있다. 그러면 그들을 '환자', '복지 수혜자', '내가 고용되어 돕는 일련 번호'로 보는 개념을 벗어난다. 그건 규격화된 사고다. 자신이 선하고 복된 존재임을 제대로 아는 당신이라면 그들 안에서도 똑같은 것을 보는 안목이 있다. 그리고 그 선을 불러내 준다. 덕분에 당신의 선이 당신에게 실체이듯 그들의 선도 그들에게 실체가 된다. 그리하여 관계가 이루어진다.

우리는 서로에게 속한 형제자매

거기까지가 첫째다. 둘째는 우리가 서로 형제자매라는 것이다. 뻔한 말 같지만, 경쟁이 심한 세상에서는 이게 별로 뻔하지 않다.

경쟁하는 세상에서 우리는 차이점에 초점을 맞추지만, 복음이 말하는 것은 경쟁이 아니라 그 반대인 긍휼이다. 긍휼을 말할 때 쓰는 영어 단어 '컴패션'compassion은 '함께'com와 '고통'passion의 합성어로, 고통당하는 사람과 함께 있다는 뜻이다. 자신의 아픔을 딛고 일어나 타인과 함께 아파한다는 뜻이다. 경쟁은 반대다. 고통당하는 사람처럼 되는 게 아니라 오히려 그와 달라지는 것이다.

우리의 치유는 기쁨의 근원, 곧 당신이 다른 사람들과 다르다는 사실이 아니라 서로 같다는 사실에서 시작된다. 이 사실을 깨달으면 영적 여정이 엄청나게 중요해진다. 평소에 우리는 집에 돌아와서 "짠, 나 오늘 상 받았어요. 이 과목에서 A학점을 받았지요"라고 말한다. 좋은 일이다. 왜 좋은 일일까? 다른 학생들은 다 B학점을 받았기 때문이다. 전원이 A학점을 받았다면 특별할 게 뭐가 있겠는가? 이것이 경쟁 심리다.

이른바 '행복'은 다분히 거기서 비롯된다. 다른 사람들과 약간 달라져서 보상을 받아야 한다. 하지만 복음과 기독교 세계관과 라르쉬 정신에 따르면, 진정한 기쁨은 서로의 차이점이 아닌 동질성에서 비롯된다.

딘이 와서 "나는 네덜란드 출신입니다"라고 말하기에 나는 "어, 나도 네덜란드 출신인데요"라고 받는다. 함께 대화해 보니 우리는 공통점이 많다. 공통점을 찾아내는 재미와 기쁨이 쏠쏠하다.

그러니 보편적 인간성과 연약한 모습이라는 공통점을 되찾으면 그 결과가 어떨지 상상해 보라. 와! 당신도 나와 같은 인간이다! 똑같이 몸이 있다! 당신도 나처럼 태어났고, 나처럼 성장했고, 나처럼 고통을 겪는다. 그리고 나처럼 죽을 것이다. 이거야말로 신기하고 놀라운 일이다!

그래서 나는 진정한 기쁨이란 서로의 다른 점에 있지 않고 이런 의미의 닮은 점에 있다고 믿는다. 이것은 엄청난 영적 진리다. 인간임을 기뻐하라는 것이다. 예수님이 인간이 되신 것도 우리를 도와 인간성을 가장 큰 선물로 받아들이게 하시기 위해서다. 가장 큰 선물은 우리가 각각 흑인과 백인인 것이 아니다. 각각 네덜란드 사람, 카리브해 사람, 미국 사람인 것도 아니다. 가장 놀라운 점은 그게 아니라, 어떤 의미에서 차이점이 동질성의 겉면에 불과하다는 것이다. 우리는 다 인간인데 그게 다르게 표현된다. 이것을 인정하면 차이점을 경축할 수 있다. 중요한 건 우리가 다 인간이라는 사실이다. 하나님은 인류를 사랑하시며, 그래서 온 인류를 품에 안으시려고 인간이 되셨다.

우리는 서로에게 속한 형제자매다. 이것이 라르쉬의 핵심 비전이다. '장애인'을 구분하긴 하지만, 우리 모두가 태어났고 가난하고 연약하며 앞으로 죽는다는 사실에 비하면 언어 능력이나 보행 능력이 있고 없고는 극히 미미한 차이점일 뿐이다.

일단 그 동질성을 인식하면 이제 나는 당신이 베푸는 독특한 선물을 받을 수 있다. 내게 없는 지식이나 미소나 친화력이 당신에게는 있기 때문이다. 이것은 경쟁적인 차이점이 아니라 동일한 실재의 서로 다른 색깔이다. 바로 이것이 긍휼의 핵심이다. 긍휼이란 서로 비슷한 부분에서 상대와 함께 있고픈 마음이다. 치유와 위로와 위안은 바로 거기서 비롯된다.

정말 그렇다. 생각해 보라. 내가 만나는 많은 사람은 장애가 워낙 심해 어찌 손써 볼 여지가 없다. 당신이 함께 지내는 공동체 식구들도 마찬가지로 더 나아질 가망이 없다. 그들은 장애인이며 늘 그럴 것이다.

다행히 우리의 소명은 서로 고쳐 주고 치료하는 것이 아니라 함께 있는 것이고, 형제자매로 함께 있음으로써 서로가 치유됨을 믿는 것이다. 그것이 라르쉬의 핵심이다. 동질성을 인정하면 치유가 이루어진다. 당신의 장애 덕분에 나는 내 장애에 눈뜨고, 나의 건강한 자아상 덕분에 당신은 자신의 복에 눈뜬다. 걷거나 말하거나 혼자서 음식을 먹지 못하는 사람도 다를 바 없다. 기본적으로 당신도 나처럼 하나님께 사랑받는다. 나는 그 사실을 믿는다. 당신은 내 형제 또는 자매다. 어떤 의미에서 당신이 곧 나다. 그래서 나는 당신과 함께 있고 싶다. 고난과 연약함과 한계 속에 우리가 함께 있으면 거기서 치유가 분출될 것을 나는 믿는다.

세상은 '치유'healing에 전혀 관심이 없고 '치료'curing에 집착한다. 둘은 전혀 다르다. 의사는 각종 약으로 치료할 수 있다. 그러면 상태가 좋아진다. 사회학자와 심리학자의 역할도 있다. 다 좋다. 거기에 딱히 무슨 문제는 없다. 그러나 삶의 기본 소명은 치료가 아니다. 왜 그럴까? 어차피 언젠가는 누구나 죽기 때문이다.

가장 중요한 일은 치료가 아니라 돌보는 것이다. 돌봄은 곧 긍휼이다. 둘은 같은 단어다. '함께 부르짖는다'라는 뜻의 긍휼을 켈트어로 하면 '돌봄'이 된다. 우리가 하는 일도 바로 돌보는 것이다. 우리는 연약한 모습으로 함께 있으면서, 그것이 기쁨과 평화와 소망과 용서와 경축을 낳을 것을 믿는다. 이 모든 선물이 우리를 치유해 준다. 내가 보는 바로는 그렇다. 라르쉬가 그런 곳이다.

라르쉬는 사람들이 모여 한식구로 더불어 살면서 인간성을 함께 기뻐하는 곳이다. 그 기쁨을 우리는 희망의 징후로 세상에 드러낸다. 우리가 봉사하는 이유는 서로를 위해서만 아니라 세상을 위해서이기도 하다.

몇 주 전 유럽 지적장애 컨퍼런스에서 강연해 달라는 부탁을 받고 네덜란드에 갔다. 많은 사람이 정장 차림으로 컨퍼런스장 안내도를 들고 있었다. 유엔처럼 오스트리아와 프랑스 등 많은 나라의 대표가 참석했다. 꽤 대단해 보였다. 그들 모두가 지적장애인을 돕는 사람들이라는 사실이 영 느껴지지 않았다. 물론 현장에 장애인은 하나도 없었다. 여러 스크린과 영화와 조명과 연설이 있었다. 현황 파악 및 제도 변화의 필요성을 주제로, 구조적 분석의 중요성을 프랑스어와 독일어로 토의했다.

일단 여기서는 컨퍼런스 분위기만 전하려 한다. 그들은 사람들의 공동체가 아니었다. 아주 잘 돌아가는 기관을 운영하고 두둑한 연봉을 받는 직책을 가진 개인들이었다. 장애인도 다른 사람에게 베풀 것이 있다는 신념 따위는 그들에게 털끝만큼도 없었다. 그들은 장애인도 '보행권'과 '성생활을 할 권리'가 있다며 장애인의 처우를 개선하려 했다. 그러나 장애인이 사회 전반에 기여할 수 있다는 개념은 고사하고 자신들이 장애인에게 배울 것이 있다는 논의는 전혀 없었다.

결국 내가 들은 말은 이런 것이다. "그들에게 장애가 있어서 매우 유감입니다. 우리는 인도적 협회인 만큼 그에 걸맞게 최대한 장애인을 돌보겠습니다. 하지만 그들은 차라리 태어나지 않은 게 나았을지도 몰라요. 그걸로 문제가 해결될 테니 말이에요. 알다시피 요즘은 태아에게 장애가 있으면 굳이 낳지 않아도 됩니다. 장애를 예방하는 것이지요. 그러면 이 모든 기관도 더 이상 필요가 없습니다."

사람들이 그렇게 생각하는 이유는 바로 속으로 다음 사실을 믿지 않기 때문이다. 즉 그들이 돕는 장애인(그 모든 기관의 주인공)은 기본적으로 세상을 향한 선물이며, 우리를 앞서 말한 식의 삶에서 벗어나게 해 준다. 그런데 그들은 장애인이 우리의 형제자매임을 정말 믿지 않는다.

장애인도 결국은 그들과 똑같이 한 인류에 속한 형제자매이며, 따라서 귀중한 선물을 우리에게 베풀 수 있다.

약할 때 맺히는 열매

셋째로 우리는 부모다. 하나님의 자녀요 서로 형제자매일 뿐 아니라 부모다. 즉 우리 삶의 소명은 생산성이나 성공이 아니라 열매를 맺는 것이다.

열매는 연약함이 낳는 결과다. 사람들이 서로 약한 모습을 내보일 때 열매가 맺힌다. 남녀의 성관계는 벌거벗은 무방비 상태에서 이루어진다. 권력을 벗고 친밀하게 연합할 때 생육할 수 있다. 공동체도 마찬가지다. 빙 둘러 모여서 속임수와 가식을 버리고 솔직해질 때 우리는 공동체가 되어 열매를 맺을 수 있다.

당신이 강해서 권력을 행사하고 남에게 거리를 둔다면, 제품을 생산할 수 있고 많은 제품으로 성공과 재물을 얻을 수도 있다. 그러나 그런 식으로는 당신의 삶에 열매가 맺히지 않는다. 삶이 풍성해지려면 약해져서 치부까지 드러내야 한다.

익명의 알코올의존자 모임AA과 12단계 프로그램에 참석하는 사람들은 모여서 이렇게 말한다. "나는 알코올의존자 또는 마약 중독자입니다. 나는 무력하므로 하나님과 여러분의 도움이 필요합니다." 이렇게 가식 없이 약점을 고백할 때 공동체가 이루어져 치유력을 발휘할 수 있다.

저 바깥의 땅과 마찬가지다. 땅이 얼어 있으면 열매를 맺을 수 없으므로 흙을 깨뜨려 부수어야 한다. 그런 수고를 들여야 비로소 열매가 맺힌다. 예수님의 삶은 열매가 풍성했지만 성공한 삶은 아니다. 그분께 성공이란 조금도 없었다. 결국 십자가에 달리신 그분을 사람들은 비웃고 조롱했다. 그런데도 풍성한 열매가 맺혔다. 찢어진 그분의 가슴에서 물과 피가 흘러나와 새로운 삶과 새로운 희망을 주었기 때문이다.

라르쉬 공동체가 바라는 것도 대단한 성공이 아니라 풍성한 열매다. 살아남으려면 열매를 맺어야 한다. 그것이 라르쉬가 살 길이다. 열매 맺는 공동체가 되려면 우리가 계속 연약한 모습으로 모여야 한다. 약할 때 열매가 자란다는 걸 믿어야 한다.

열매는 우리 자신에게는 보이지 않을 때가 많다. 나도 데이브레이크에서 그 점에 놀라곤 한다. 스스로 보기에는 우리가 늘 썩 대단한 것은 아니다. 그런데 놀랍게도 외부 손님들이 더러 이런 말을 한다. "이곳 사람들은 참 솔직하군요. 기꺼이 고민을 나누는 모습에 제가 치유를 받았습니다."

어제 수 모스텔러와 나는 토론토대학교 신학부에서 함께 가르치던 과목을 종강했다. 다섯 개 단과대학에서 36명의 학생이 수강했고, 라르쉬 식구로서 다운 증후군이 있는 고드 헨리도 조교로 활동했다.

마지막 수업 때 학생들이 울면서 말했다. "여태까지 들은 중에 가장 중요한 수업이었어요." "이 과목을 통해 우리 삶이 정말 달라졌습니다."

내가 이유를 물었더니 그들은 "다른 교수님들은 우리와 별로 다르지 않거든요"라며 이렇게 핵심 요지를 밝혔다.

"신부님과 함께 일하시는 분들은 연약한 모습을 다 내보이셨잖아요. 기꺼이 고민을 나누시면서 본인들도 완벽하지 못함을 우리에게 선뜻 말씀하셨어요. 그런데도 그 말씀 속에 연약함에 대한 확신과 희망이 담겨 있었습니다. 덕분에 우리도 연약해져도 된다는 걸 알았지요. 이제 우리도 우리 자신의 깨어진 모습을 마주하며 거기서 희망의 씨앗을 찾을 수 있습니다."

그 점이 달랐다. 덕분에 수강생들 사이에도 공동체가 이루어졌다. 이런 농담까지 나왔을 정도다. 학생들이 "이 수업에서만큼 공동체를 실감해 본 적이 없어요"라고 말하기에, 내가 "저런, 여태 공동체를 별로 겪어 보지 못했다는 말이네요"라고 생각나는 대로 응수했던 것이다. 어쨌든 그들은 대화 및 소그룹 방식이 달랐기에 자신들도 선뜻 문제를 털어놓을 수 있었노라고 말했다.

어찌된 일일까? 모든 것은 고드와 벤과 수와 내가 그냥 함께 있었기 때문이다. 우리가 함께 있는 방식을 보고 수강생들은 '이 사람들은 서로 숨길 것이 없구나'라는 생각에 이어, 문득 '그렇다면 우리라고 숨길 이유가 무엇인가?'라는 자각에 이르렀다. 여기서 숨긴다는 말은 '우리가 학생으로서 강해지고 성공해서 각종 학위를 받아 온갖 권력을 얻으려 할 이유가 무엇인가?'라는 뜻이다. 대신 그들의 고백처럼, 중요한 건 우리가 열매 맺는 사람이 되는 것이다.

예수님은 "열매를 맺으라"고 말씀하신다. 지금까지 말한 세 가지를 요약하자면 우리는 하나님의 자녀이고, 서로 형제자매이며, 모두 부모다. 열매를 맺는다는 의미에서 부모다. 서로의 삶에 열매를 맺기에 우리도 부모다. 생물학적 자녀든 영적 자녀든 우리에게 자녀가 있다. 특히 사목은 다른 사람들의 아버지나 어머니가 되어 그들의 삶에 열매를 맺어야 한다.

이것이 내가 말하는 새로운 마음, 부드러운 마음이다. 부드러운 마음의 특징은 자아를 거부하는 것이 아니라 수용하는 것, 경쟁이 아니라 긍휼, 생산성이 아니라 참된 열매다. 거기서 공동체가 태어난다. 알고 보면 당신은 항상 그 중간의 어디쯤에 있다. 당신이 처한 곳은 완벽한 공동체도 아니고 그냥 기관도 아니다. 이 문제로 씨름하는 공동체를 나는 많이 보았다. 우리는 더 온전한 공동체가 되기를 원한다. 그렇다면 우리는 계속 자아를 수용하고, 긍휼을 베풀며, 열매를 맺고 있는가?

변화되려는 마음

개인이든 공동체든 굳은 마음을 부드러운 마음으로 전환하는 데 필요한 여러 훈련을 어떻게 실행할 것인가? 핵심 단어는 '주목'이다. 주목하라. 잘 살피라. 깨어 있으라. 준비되어 있으라. 경청하라.

우선 변화가 필요한 부분에 주목하는 훈련이 필요하다. 이것은 단지 외적인 소명이 아니라 내면에서 시작된다. 어떻게 하면 변화를 바라고 동경하는 마음을 유지할 수 있을까? 내가 아는 많은 사람은 변화되려는 마음이 전혀 없다. 변화를 원한다는 사실 자체가 당신이 자신에게 뭔가 빠져 있음을 알고 그것을 바란다는 신호다. 정말 그 긴장 속에 살아간다면 동경의 상태도 유지된다. 반대로 긴장과 동경이 전혀 없다면 당신도 많은 사람처럼 결국 따분하고 지겨워진다. 틀에 박힌 삶만 남는다.

그러면 무엇으로도 감동이나 활기를 얻을 수 없다. 많

은 사람이 그렇게 살아간다. 그러니 주목하라. 주목은 변화 중에서 내면의 목표다. 당신의 기도 생활에서 하나님의 음성을 경청하는 것과 관계된다.

사랑받고 싶은 갈망

기도는 당신이 사랑받는 존재임을 확인하는 장이다. 당신도 거창한 파티에 갔다가 잔뜩 실망해서 돌아온 경험이 있었는지 모르겠다. 파티가 생각만큼 신나지 않아서 만족이 없었던 것이다.

우리는 사랑받고 싶은 갈망을 파티나 모임이나 사람에게 투사할 때가 많다. 그런데 집에 돌아오면 이게 다가 아니라는 생각이 든다. 이 사람, 이 영화, 이 오페라, 함께 외출할 이 장애인, 라르쉬의 이 모임 등도 다 좋지만 내가 원하는 게 더 있다. 내 마음은 그 이상을 갈구한다. 어떤 사람도, 또 어떤 파티나 공동체 식구도 내 마음이 동경하는 사랑을 줄 수 없다. 그 동경을 품고 살기란 쉽지 않다. 고통이 따르기 때문이다. 당신이 원하는 중요한 것이 빠져 있다.

기도란 바로 그 자리로 가서 "하나님, 제게 만족이 없습니다. 사랑이 더 필요한데 주님만이 제게 그것을 주실 수 있습니다"라고 아뢰는 것이다.

"하나님, 저는 주님이 저를 땅의 깊은 곳에서 지으셨고 모태에서 빚으셨으며 조건 없이 사랑하신다는 말씀을 거듭 들어야 합니다. 참으로 주님만이 저의 하나님이시며 저의 갈망을 채워 주실 수 있습니다."

여기서 조심할 것이 있다. 내 말은 당신에게 늘 신기하고 따뜻하고 푸근한 감정이 느껴져야 한다는 뜻이 아니다. 기도란 당신 자신과 하나님께 그분만이 당신의 욕구를 채워 주실 수 있다고 선언하는 것이다. 온갖 감정은 당신이 원해도 뒤따르지 않을 수 있다. 이것은 아주 중요하다. 결국 당신은 자아를 거부하는 마음을 극복하고 자신을 사랑해야 하는데, 자신을 사랑할 수 있으려면 자신이 이미 사랑받는 존재임을 알아야만 한다.

나를 사랑한다는 것은 나를 다 받아 주시고 품어 주시는 그분을 경험하기에 나는 괜찮다는 뜻이다. 그분께 충분히 사랑받고 있기에 우리도 자신을 사랑할 수 있다. 이는 영적인 문제다. 단지 정서적이거나 정신적인 것이 아니라 영적인 것이다. 영적이라는 말에는 찰나와도 같은 당신의 일생을 초월하는 영원한 속성이 담겨 있다.

하나님께 주목하는 훈련

첫째로, 개인을 향한 질문이 있다. 당신의 삶에 하나님과 단둘이 보내는 시간이 있는가? 당신의 고독은 어디에 있는가?

당신의 삶에서 하나님과 독대하는 시간을 갖는 일은 정말 중요하다. 어떤 날은 5분도 좋고 10분도 좋다. 그 시간을 내고 있는가? 바쁜 하루 중에 당신이 멈추어 이렇게 아뢰는 순간이 있는가? "제가 왔습니다. 이 가난하고 외롭고 고달프고 혼란스러운 사람이 주님 앞에 있습니다. 저를 사랑하신다는 말씀을 다시 듣고 싶어요. 그렇지 않으면 저는 무너지고 맙니다." 그렇게 무너지면 우리는 엉망이 된다.

"주님이 저의 목자시니 저는 (원하는 건 많아도) 부족한 것이 없습니다. 주님이 저의 목자시니 제가 붙들고 싶은 진리가 있습니다. 가장 깊은 의미에서 제게 필요한 것은 이미

다 주어졌다는 진리입니다." 이것은 정말 훈련이다. 아무리 좋은 일로 바쁠지라도 당신이 온통 바쁜 일로 에워싸여 있기 때문이다.

둘째로, 공동체에게 묻고 싶다. 우리 공동체는 끊임없이 하나님께 기도하며 매일 또는 매주 비전을 다지고 있는가? 월요일 밤의 정기 모임이 있긴 하지만, 그래도 이 문제를 제기하고 싶다. 살아 있는 공동체가 되려면 합심 기도를 많이 해야 한다는 것이 내 확고한 소신이다. 이런저런 특정한 의식 절차를 말하는 것이 아니다. 하나님이 개개인만 아니라 우리 공동체를 사랑하신다는 말씀을 우리가 한자리에 모여 정말로 다시 듣는 때는 언제인가? 우리 모두가 함께 부름받았다는 말씀은 또 어떤가? 이곳에 봉사자로 취직했다는 이유만으로 저절로 '함께'가 되지는 않는다.

봉사자가 된 거야 좋지만 그게 끝은 아니다. "안녕하세요? 왜 여기에 오셨나요?"라는 질문에 "무엇을 해야 할지 모르던 차에 라르쉬 얘기를 들었어요"라고 답하는 것으로는 부족하다. 물론 실제로 그런 경우도 있겠지만 이는 우연일 뿐이며, 하나님이 그것을 계기로 우리를 다 함께 부르셨다. 우리는 공동체로서 공동의 독특한 영적 정체성을 붙들어야 한다. 그 정체성을 늘 쇄신해야 한다.

내게는 그것이 아주 중요하다. 예컨대 데이브레이크에는 매일 성찬식이 있다. 어떤 지부에는 없을 수도 있다. 매일 40-50명가량이 30분쯤 모이는 이 성찬식은 우리에게 한없이 소중한 경험이다. 그 시간에는 나 말고 다른 사람이 말씀을 나눈다. 복음서를 묵상한 내용을 공동체 식구들이 짤막하게 나눈다.

그 기회에 우리는 함께 이렇게 고백한다. "분명히 나는 오늘도 이 비전에 충실하고 싶습니다. …… 내 삶이 온전하지 못할 수 있고 아마 그러겠지만, 그래도 이렇게 공언해 두고 싶어요." 이렇게 우리는 날마다 잠시나마 공동체로 모인다. 전원은 아니다. 가끔 120명이 모두 참석할 때도 있지만 대개는 40-50명이 모인다.

더불어 사는 우리의 삶에 이처럼 함께 모여 비전을 확인하고 하나님께 기도하는 시간이 기본으로 들어가 있다. 방식은 지부에 따라 전혀 달라야 할 수도 있다. 특정 방식을 제안하지는 않는다. 다만 이것은 당신도 고민해 봐야 할 아주 중요한 문제다. 하나님께 사랑받는 한 몸이라는 공동의 정체성을 어떻게 계속 쇄신할 것인가? 이 가운데 누구라도 의견을 내고 힘을 합할 수 있다. 그렇게 살아가는 방법을 분별할 수 있다. 이 공동체에 들어온 지 오래되지 않았어도 상관없다.

때로 모임에서 하기 힘든 말이 있다. "장애인을 계속 사랑하기가 어렵네요. 나한테는 너무 힘들어요. 그래도 이렇게 모임에서 고백합니다."

이런 말도 가능하다. "어제 있었던 모임 덕분에 갑자기 내 삶이 활기를 찾았습니다." 그건 당신에게만 좋은 일이 아니라 다른 사람들도 듣는 게 좋다.

하나님이 베푸시는 작은 은혜를 매주 또는 매일 꾸준히 서로 발표하고 나누어야 한다. 그러면 여기서 뭔가 일이 벌어지고 있음을 함께 볼 수 있다. 그것을 인식하는 것은 아름다운 일이다. 이렇듯 기도 생활은 한편으로는 멈추어 홀로 지내는 고독이다. 또 한편으로는 계속 한 몸으로 모여, 더불어 사는 삶을 가꾸는 것이다.

우리는 모두 이렇게 말할 수 있어야 한다. "말씀을 통해서든 성찬식을 통해서든 누군가가 나누는 짧막한 묵상을 통해서든, 나는 공급받고 양육되어야 합니다. 그렇지 않고는 살 수 없어요." 라르쉬는 계획 공동체인 만큼 계획적인 노력을 통해 함께 기도해야만 공동체로 남을 수 있다. 그렇지 않으면 다 바쁜 업무가 되고 만다.

기도는 더불어 사는 삶에 꼭 필요한 훈련이다. 개인의 훈련이기도 하고 공동체의 훈련이기도 하다. 우리는 한 몸으로서 자신과 우리 공동체의 주인공들에게만 아니라 후대에게도 책임을 다해야 한다. 라르쉬에 온 지 2년째든 5년째든 아직 6개월밖에 안 됐든 당신은 이곳의 일원이며, 당신이 속한 공동체는 다음 세대에도 존속되어야 한다.

10년 후면 나는 이미 죽었을지도 모른다. 그러나 데이브레이크는 남아 있을 것이다. 그래서 나는 데이브레이크를 지속시킬 수 있는 일을 하고 싶다. 봉사 연한과 무관하게 당신이 속한 이 운동과 비전과 양육과 영성은 앞으로도 쭉 이어질 것이다. 덕분에 이 공동체와 거기에 속한 사람들은 자신이 사랑받는다고 느낄 수 있다.

지금 이 순간에 주목하는 훈련

두 번째는 순간에 주목하는 것이다. 하나님은 늘 지금

여기에 계신다. 이는 영적 삶의 아주 단순한 명제다. 문제는 우리의 생각이 종종 과거나 미래에 가 있다는 것이다. 지난 일로 죄책감이나 수치심에 빠져 있든지, 아니면 앞일을 걱정하느라 지금 여기에 있는 경우는 드물다. 그래서 관건은 이것이다. 당신은 지금 여기에 있는가?

당신이 여기에 있는 만큼만 뭔가 일이 벌어질 수 있다. '지금 오후 3시니까 끝나면 거기로 가야지. 내일은 그것을 해야지.' 이런 생각뿐이라면 뭐 그것도 괜찮다. 하지만 지금 그런 생각으로 가득하다면, 당신은 여기에 있지 않고 거기에 있는 것이다. 당신이 여기에 있는 만큼만 하나님이 역사하실 수 있다. 우리가 온전히 여기에 있다면, 장내에 에너지가 넘쳐 나서 저 지붕이 뚫릴 것이다. 당신과 내가 다른 어디에도 있지 않고 전적으로 여기에만 있다면, 그 기운에 이 건물이 송두리째 날아갈 것이다. 정말 그게 성령이 하시는 일이다.

그런데 대개 당신과 나는 사방에 흩어져 있다. 당신이 여기에 있는 만큼만 하나님이 새 일을 행하셔서 당신의 마음을 새롭게 하시고 당신을 다시 빚으신다. 그래서 중요한 질문은 '내일 무엇을 할 것인가'나 '이걸 어떻게 사용해

야 하는가'가 아니라 '우리는 최대한 온전히 이 자리에 있는
가'이다. 물론 완벽할 수는 없고 늘 부족할 수밖에 없다. 라
르쉬의 큰 강점이 바로 이 부분이다. 공동체에 가장 중요한
시간은 식사 시간이다.

공동체를 좌우하는 식사 시간

요지는 식탁에 둘러앉는 시간이 곧 우리가 서로 공동체
를 실천하는 순간이라는 것이다. 이때만은 모두가 한자리
에 모인다. 촛불이나 꽃이나 노래나 기도를 곁들일 수도 있
고, 또 급할 것도 없다. 어쨌든 우리는 배만 채우고 다시 일
하러 가려고 먹는 것이 아니다. 공동체로서 함께 먹는다.
같은 음식을 나누며 몸의 양식만 아니라, 정서적·영적 양
분까지 얻는다.

당신에게 이런 시간이 없다면 여기 공동체로서 늘 되새
겨 볼 좋은 질문이 있다. '지금도 우리는 제대로 함께 먹고
있는가? 아니면 우리의 식사는 패스트푸드 식당과 비슷해
졌는가?'

식탁에서 어떻게 행동하는지를 보면 그 가정이나 공동체를 알 수 있다. 어떤 곳은 평화롭고 화기애애해서 내가 환대받는 기분이다. 그러나 저마다 텔레비전만 보거나 전화를 받으러 불쑥 자리를 뜬다면, 사실은 아무도 그 자리에 있지 않은 것이다. 그래서 우리는 모두 다 그 자리에 있게 하려고 최선을 다한다. 전화 통화나 라디오 청취나 텔레비전 시청 등 딴짓을 하면 안 된다. 식사 시간은 신성한 시간이다. 우리 문화에서는 이게 가능한 가정이 극히 드물며, 따라서 이게 당연한 모습도 아니다. 나만 하더라도 어제 여기로 오는 길에 맥도날드에서 햄버거를 사 왔다.

"내 입맛대로 먹는다"라는 광고 문구가 있다. 우리 문화를 상징하는 표현인데, 그 말대로라면 아무도 공동체를 이룰 수 없다. 순간에 주목할 수도 없고, 함께 먹는 시간을 경축할 수도 없다.

식사 때만 아니라 대화 중에도 상대방과 함께 있으라. 이 또한 신성한 순간이건만, 그렇게 인식하기가 쉽지 않다. 함께 있는 시간의 길이는 중요하지 않다. 5분도 좋고 30분도 좋다. 늘 관건은 얼마나 오래 있느냐가 아니라 온전히 그 자리에 있느냐다.

병원에서 죽어 가는 사람에게 문병을 가서 "죄송하지만 10분밖에 머물 수 없습니다"라고 말한다면 참 고약한 일이다. 하지만 10분밖에 없는 그 시간 동안 전적으로 그 자리에 있는다면 그건 괜찮다.

10분 동안 지켜보며 그냥 그 자리에 있으라. 그러면 당신이 떠나고 났을 때 상대방이 이렇게 말할 수 있다. "그는 나를 방문해 정말 나와 함께 있었습니다. 떠나서도 그는 내게 마음을 보냅니다. 그래서 이제 마음으로 내 곁에 있습니다."

중요한 것은 얼마나 오래 또는 몇 시간이냐가 아니라 얼마나 온전히 그곳에 현존하느냐다. 그 순간 당신은 상대방이 세상에서 당신에게 가장 중요한 사람이라고 말하는 셈이다. 그러면서 이렇게 말한다. "그것을 아셨으면 좋겠네요. 그래서 저는 여기에 당신과 함께 있으려는 겁니다. 지금 여기에 하나님이 당신과 함께 계시며 당신에게 말씀하십니다. 그러니까 시간이 다 되면 저는 가도 되겠지요." 그 순간 상대에게 온전히 현존한다면, 당신은 떠날 때도 미련 없이 떠날 수 있다.

상대방은 온전히 그 자리에 있다. 당신은 그 사람을 하나님께 맡기고 다음 일로 넘어갈 수 있다. 마트에 가야 한다면 거기에 주목하면 된다. 그때는 거기에 주목해야 한다. 그다음에 채플에 있어야 한다면 거기에 주목하면 된다. 그다음에 집에 가면 된다. 그때그때 그 자리에서 현재의 일에 힘쓰는 것이다.

라르쉬의 소중한 영성은 당신이 하는 모든 일이 신성하다는 것이다. 빨래나 설거지를 할 때도 하나님은 당신 곁에 계신다. 공동체에는 그냥 바쁘게 일하는 사람과 주님의 종이 있을 수 있는데, 이 둘의 차이는 일의 종류가 아니라 무엇을 하든 '지금 여기서' 온전히 그 일을 하는 데 있다.

당신도 나도 물건을 사러 나간다. 당신도 나도 빨래한다. 그때도 하나님 앞에서 살 것인가, 아니면 허드렛일로 그칠 것인가? 그 차이다. '날마다'가 중요하다. 바로 거기 매일의 평범한 삶에, 라르쉬의 숨겨진 삶에 하나님이 아주 생생히 현존하실 수 있다. 이 또한 훈련이다. 진정한 훈련이다.

가난한 사람에게 주목하는 훈련

세 번째는 늘 가난한 자리로 가라는 것이다. 이것도 훈련이다. 가난한 사람이 있는 곳으로 가라. '가난'이란 꼭 경제적 가난만을 뜻하지는 않는다. 길거리에 나앉은 사람만이 아니다. 어디든 인간의 가난한 자리, 당신의 가난한 자리로 가라. 거기서 당신에게 복이 임하기 때문이다. 다른 사람도 거기서 복을 받는다. "가난한 자는 복이 있나니"(마 5:3; 눅 6:20). 그러니 복을 원하거든 거기로 가라.

예수님은 가난한 자를 돌보는 자가 복이 있다고 하지 않으시고 "가난한 자는 복이 있나니"라고 말씀하셨다. 이렇듯 당신도 가난할 수 있고, 당신의 아내나 남편도 그 순간만은 가난할 수 있다. 그러니까 아파하는 사람이 있는 데로 두려움 없이 가라는 것이다. 상처나 가난의 자리로 다가갈 때마다 영적으로 당신은 빛과 희망과 기쁨과 평화를 얻는다. 여태 원하던 모든 것을 얻는다. 상처의 자리를 피하지 말고 바로 거기로 가라.

꽤 부유한 사람들과 나눈 대화를 떠올려 본다. 누구에게나 묻듯이 내가 "무슨 일을 하십니까?"라고 물으면 그들은 금방 무료해한다. 그러나 "당신의 마음과 삶에 대해 듣고 싶습니다"라고 말하면, 사업에 성공한 부자도 마치 기다렸다는 듯이 말문을 연다. "요즘 이 부분이 힘듭니다. 직장 동료들과 사이가 좋지 않거든요." "어떤 때는 사람들이 나를 정말 사랑하는지 잘 모르겠어요." "하나님이나 교회와 단절된 느낌입니다."

내용은 다를지라도 그 속에 가난한 자리가 있다. 거기로 가서 "그 얘기를 해 봅시다"라고 말하라. 알고 보면 거기서 우정이 싹튼다. 바로 거기다. 두려워하지 말고 경청한 뒤 이렇게 말하라. "당신과 함께 있어서 기쁩니다. 이렇게 털어놓아 주시니 감사합니다. 고민을 들려주시니 당신과 더 가까워진 기분입니다. 제게는 특권입니다." 그러면 "함께 있어 주셔서 감사합니다"라는 답이 돌아온다.

집에 돌아오면 당신의 입에서 "참 아름다운 저녁이었어"라는 감탄이 나온다. 그 사람은 두려움 없이 당신에게 일부나마 자신의 삶을 열어 보였다. 숨기지 않았다. 당신은 슬프거나 우울해지기는커녕 그 사람과 세상과 하나님의 고통당하는 마음속에 들어가는 특권과 기쁨을 누렸다.

하지만 그 사실을 망각한 채 안전과 부를 쫓아다니면

당신은 그토록 원하던 기쁨과 평화를 잃고 만다. 그래서 이것은 자꾸 연습해야 할 훈련이다. 이것이 훈련인 까닭은 가난이란 늘 매력이 없기 때문이다. 우리는 죽음을 앞둔 사람을 피하고 싶고, 환자를 문병하기가 힘들게 느껴진다. 당신이 섬기는 공동체의 주인공들이 심한 고통을 겪을 때면 당신의 계획에 차질이 생긴다.

그래서 정말 믿어야 할 것이 있다. 늘 마음에 집중하면 거기에 복이 숨어 있다는 것이다. 이는 슬픔 속에서 뒹구는 것이 아니라 마치 이런 고백과도 같다. "이것이 내게 복이 됨을 믿습니다. 가난한 사람에게서 받는 복입니다. 반대로 내 가난은 다른 사람에게 복이 됩니다." 이것을 훈련하려면 함께 연약해져야 한다.

지금까지 세 가지 훈련을 살펴보았다. 개인과 공동체가 하나님께 주목하면 그분은 "내가 너를 사랑한다"라고 말씀해 주신다. 순간에 주목하면 당신의 식사 시간과 대화와 공동체 생활 속에 하나님이 함께 계심을 깨달을 수 있다. 가난한 사람에게 주목하면 하나님이 늘 복을 주신다. 그럴 때 당신 안에 그분이 아이로 태어나시고, 당신은 준비된 마음으로 그 어린아이를 영접한다. 순간에 주목하면 당신도 모르는 사이에 하나님이 당신 곁에 오셔서 이렇게 말씀하신다. "내가 너와 함께 있다. 나 스스로 아주 작아졌다. 그러니 너는 두려워하거나 염려하거나 불안해할 필요가 없다."

감 사 의 말

이 책은 많은 사람의 도움으로 살아났다. 헨리의 저술
에서 공동체 관련 글을 조사할 수 있는 특권을 허락해 준
캐런 패스캘과 헨리나우웬유작센터에 감사한다. 초기에
매우 값진 자료를 찾아 준 가브리엘 언쇼에게 특별히 감사
한다. 기록 보관원인 그녀는 헨리나우웬아카이브앤리서치
콜렉션Henri J. M. Nouwen Archives and Research Collection을 설립했고,
헨리의 생애와 전작을 잘 보존하여 정리해 두었다. 덕분에

전 세계 많은 연구자와 독자가 풍성한 혜택을 누리며 지금도 헨리의 글과 지혜에서 감화를 얻고 있다.

이 책의 비전을 처음 품은 사람은 로버트 엘스버그다. 편집과 관련해 고견을 나눠 주고, 민감한 영적 감수성을 보여 주고, 헨리와의 오랜 우정을 회고한 '발행인의 글'까지 써 준 그에게 감사한다. 본문을 꼼꼼히 다듬어 주고 표지를 창의적으로 디자인해 준 오비스출판사의 편집장 마리아 안젤리니와 모든 팀원에게도 감사한다.

세인트마이클스칼리지 안에 있는 존 M. 켈리 도서관의 특수 소장본 담당 사서 사이먼 로저스는 검토할 원고를 조달하는 데 신속한 전문적 도움을 베풀어 주었다. 그가 아니었다면 코로나19 팬데믹의 제약 때문에 촉박한 마감 날짜를 지키지 못했을 것이다. 프랭크 포크는 6장의 초고를 읽고 유익한 비평을 들려주었다.

로버트 워커와 아지트 존 신부는 내가 대학원에 다닐 때 내 안에 기독교 공동체에 대한 관심의 씨앗을 심어 주었다. 오랜 세월 변함없는 친구이자 영적 동반자인 빌 헤일리 신부와 팀 클레이튼 신부에게도 마땅히 감사해야 한다. 이 둘은 20년도 더 전에 워싱턴 DC 지역에서 기독교 공동체

'카이로스'를 이끌면서 그 공동체를 통해 내게 헨리의 저작을 처음 소개해 주었다. 그들의 사역은 많은 사람의 미래에 방향성을 제시했다.

끝으로 지난 한 해 동안 지원과 사랑을 아끼지 않은 내 아내 주디스 쿡에게 어떤 말로도 고마움을 다 표현할 수 없다. 아내가 늘 내게 깊이 가르쳐 주듯이, 연약한 모습으로 마음을 다해 우리 자신을 남에게 내주면 거기에 엄청난 위력이 있다. 아내는 본업인 심리 상담, 두 아들 아이제이어와 애런의 양육 등 갖가지 사랑의 수고를 감당하면서 이 세상에 하나님의 집을 가꾼다.

하나님의 집은 늘 열려 있어 우리의 불안한 마음을 따뜻이 반겨 주고 어디서도 찾을 수 없는 만족을 준다. 이 책이 우리 두 아이를 비롯한 많은 독자에게 그 사실을 환기시켜 주기를 바란다.

출전

각 장의 원전은 토론토대학교 세인트마이클스칼리지에 있는 존 M. 켈리 도서관의 헨리나우웬아카이브앤리서치콜렉션에 아래와 같이 보존되어 있다.

1 _____

1993년 9월 뷰포드재단 주최로 토론토에서 열린 재단 컨퍼런스에서 헨리 나우웬이 "From Solitude to Community to Ministry"라는 제목으로 했던 강연이다. 그 후에 1995년 〈리더십 저널〉(*Leadership Journal*)에 실렸다.

2 _____

영성 계발과 공동체가 신학 교육에 미치는 역할을 고찰한 헨리 나우웬의 글이다. 본래 "What Do You Know by Heart? Learning Spirituality"라는 제목으로 1977년 8월호 〈소저너스〉(*Sojourners*)에 실렸다.

3 _____

1978년 〈워십〉(*Worship*) 제52권 1월호에 "Solitude in Community"라는 원제로 실린 글이다.

4 _____

1978년 〈가톨릭 워커〉(*The Catholic Worker*) 신문 3-4월호에 "The Faces of Community"라는 제목으로 실린 글이다.

5 _____

1982년 6월 유엔 총회의 군비 축소에 관한 제2특별회기를 맞아 헨리 나우웬이 뉴욕시에 있는 세인트피터스루터교회에서 "Called from Darkness"라는 제목으로 예배 시간에 했던 설교다. 이번에 처음으로 출간된다.

6 _____

1987년 4월, 헨리 나우웬이 토론토대학교 강당에서 가톨릭 청소년 봉사단에게 했던 강연이다. 이 강연과 음악 순서 등 그날의 행사가 헨리나우웬아카이브앤리서치콜렉션에 오디오 파일로 보존되어 있으며, 이 글은 그 녹취록이다. 이번에 처음으로 출간된다.

7 _____

이 글 "Holding Ground"는 1987년 3월 헨리 나우웬이 볼티모어성직자평신도협회(Clergy and Laity Concerned)의 3월 대회 "Responding in Faith as the Americas Meet"에서 했던 강연에서 발췌한 것이다. 그 후에 이 강연은 1987년 봄·여름 무렵 협회 간행물 〈CALC 리포트〉(*CALC Report*) 제13권 2호 12-20쪽에 실렸다. 이 책에서는 공동체라는 주제를 중심으로 원문을 축약했다.

8

1991년 2월 27일, 헨리 나우웬이 토론토대학교 신학대학원인
레지스칼리지에서 "From Communion to Community: The
Contemplative Journey"라는 제목으로 했던 강연이다. 이 글은
헨리나우웬아카이브앤리서치콜렉션에 오디오 파일로 보존되어
있던 그 강연의 녹취록이며, 이번에 처음으로 출간된다.

9

1992년 3월 10일, 헨리 나우웬이 노터데임대학교
사회문제연구소 설립자 돈 맥닐 신부의 초청으로 그 대학교에서
했던 강연이다. 헨리나우웬아카이브앤리서치콜렉션에 영상
파일로 보존되어 있는 그 강연을 녹취한 것이다. 강연의 원제는
"God's Love Experienced in Community"였다. 이번에 처음으로
출간된다.

10

헨리 나우웬은 1996년 9월 21일에 세상을 떠났는데, 이 글은
그로부터 불과 9개월 전인 1995년 12월 6일, 그가 캐나다
온타리오 주 스트랫퍼드에서 열린 라르쉬 공동체 봉사자들의
피정에서 "From a Heart of Stone to a Heart of Flesh: Conversion
in Community"라는 제목으로 했던 강연이다. 그 피정이
헨리나우웬아카이브앤리서치콜렉션에 영상 파일로 보존되어
있으며, 이 글은 그중 헨리 나우웬 강연의 녹취록이다. 이번에
처음으로 출간된다.

엮은이의 글

1. 여덟 권의 책은 《친밀함》(*Intimacy*, 두란노 역간), 《나 홀로 주님과 함께》(*Out of Solitude*, 아침 역간), 《영적 발돋움》(*Reaching Out*, 두란노 역간), 《로마의 어릿광대》(*Clowning in Rome*, 가톨릭대학교출판부 역간), 《모든 것을 새롭게》(*Making All Things New*, 두란노 역간), 《긍휼》(*Compassion*, IVP 역간), 《평화에 이르는 길》(*Peacework*, 성바오로출판사 역간), 《주님의 아름다우심을 우러러》(*Behold the Beauty of the Lord*, 분도출판사 역간) 등이다.

2. Henri Nouwen, *Can You Drink the Cup?* (Notre Dame, IN: Ave Maria Press, 1996), 57-58. 헨리 나우웬, 《이 잔을 들겠느냐》(바오로딸 역간).

chapter 2

1. Thomas Hora, *Existential Metapsychiatry* (New York: Seabury Press, 1977). 토머스 호라, 《메타실존치료》(학지사 역간).

chapter 3

1. Thomas Hora, *Existential Metapsychiatry* (New York: Seabury Press, 1977), 31-38. 토머스 호라, 《메타실존치료》(학지사 역간).